LE
CAPITAINE DE VAISSEAU,

OU

LA SALAMANDRE,

VAUDEVILLE NAUTIQUE EN DEUX ACTES,

De MM. Mélesville, Alexis Decomberousse et Antier;

PRÉCÉDÉ DE

LA CAROTTE D'OR,

PROLOGUE EN UN ACTE.

REPRÉSENTÉE POUR LA PREMIÈRE FOIS A PARIS, SUR LE THÉATRE DU GYMNASE,
LE 24 JUILLET 1834.

A PARIS,

CHEZ MARCHANT, ÉDITEUR, BOULEVART ST.-MARTIN, 12.

1834.

N° 64.   TOM III.   14.

PERSONNAGES.	ACTEURS.
FROMONT, débitant de tabac.	M. Bouffé.
ALICE, orpheline.	Mme Grassot.
CÉLESTE, servante de Fromont.	Mme Monval.
PIERRE LOUET, lieutenant de frégate.	M. Serville.
PAUL, son fils, aspirant.	Mlle Habeneck.
GARNIER, chirurgien de vaisseau.	M. Monval.
BIDOT, leutenant en second.	M. Gabriel.
CABILLOT, agent comptable.	M. Dupuis.
PROVENÇAL. }	M. Bordier.
BOUQUIN. } Matelots.	M. Grassot.
GIROMONT. }	M. Milet.
MELVAL, enseigne.	Mlle Mabia.
PEUPLE.	
MARINS DE TOUT GRADE.	

La scène est à Paris, pendant le prologue. Et à bord de la Salamandre pendant le premier et le deuxième acte. L'action se passe vers la fin de 1814.

NOTA. Les personnages sont placés en tête de chaque scène comme ils doivent l'être au théâtre : le premier occupe la droite de l'acteur.

S'adresser, pour la musique de cette pièce, et pour celle de tous les ouvrages qui composent le répertoire du Gymnase-Dramatique, à M. Hormille, chef d'orchestre au théâtre, ou à M. Ferville, correspondant des spectacles, rue Poissonnière, 33.

Imp. de J.-R. Mevrel,
Passage du Caire, 54.

LA CAROTTE D'OR,

PROLOGUE.

Le théâtre représente l'arrière-boutique d'un débit de tabac. Portes latérales qui conduisent à l'appartement de Fromont et à la cuisine. Au fond, une grande porte vitrée, qui laisse voir la boutique, le comptoir, les pots de tabac, les cigarres, et plus loin, la porte de la rue.

SCENE PREMIERE.

CÉLESTE, *seule, mettant le couvert sur une petite table placée sur le théâtre à droite de l'acteur; puis* FROMONT.

Là! le sucre, le petit pain de beurre.. et sa flûte de deux sous!.. les rôties sont au feu... Va-t-il se régaler!.. Tiens, c'est bien le moins... pauvre cher homme! un si bon maître!.. qui est occupé toute la sainte journée à peser son tabac et à faire des cornets.. c'est bien le moins qu'il se repose la tête et se donne un peu de bon temps.

FROMONT, *entr'ouvrant la porte de la boutique.* Eh! bien, Céleste?

CÉLESTE. Monsieur?..

FROMONT, *de même.* Mon déjeuner, ma fille... Allons donc... allons donc!

CÉLESTE. Tout de suite, not' maître.

FROMONT, *causant avec deux pratiques qui s'en vont.* Au revoir, M. Millocheau... Soyez tranquille, j'arrangerai votre mélange, comme d'ordinaire... trois quarts de Régie... et un quart de la Ferme!.. Mes hommages à madame. (*A l'autre.*) M. Bonichon, vous pouvez allumer votre cigare, en dehors, près de la porte... là! Cadet, veille à la boutique. (*Il entre en scène.*) Me voilà libre. Allons donc, Céleste, ce déjeuner?

CÉLESTE, *en dehors.* Voilà, not' maître.

FROMONT, *se frottant les mains.* C'est drôle, quand ma femme, ma divine Angélique n'y est pas... j'ai toujours faim de meilleure heure!.. Je suis si heureux alors!.. Mon débit de tabac... cette bonne grosse Céleste qui me dorlote... du calme... et mes carottes... que me faut-il de plus?

CÉLESTE, *posant le déjeuner.* V'là vot' déjeuner, monsieur.

FROMONT, *assis, et lui faisant des agaceries pendant qu'elle lui attache sa serviette.* Merci, ma bonne Céleste... tu n'as pas oublié mes rôties?

CÉLESTE. Pardi!.. à quoi qué j'penserais, si ce n'est à ce que vous aimez... vous, qui êtes la crème des hommes.

FROMONT. Donne-m'en encore un peu... de la crème.

CÉLESTE, *lui versant de la crème.*

Air : *Papa et maman.*

Vous êtes pour moi,
Si bon que je doi...
Le r' connaître,
Et pour vous, notr' maître,
J' me mettrais au feu!..

FROMONT, *souriant.*
Ce n'est point un jeu,
Car tu t'y mets souvent, morbleu!..

CÉLESTE, *l'arrêtant.*
Allons donc! n' mangez pas si vite-

FROMONT, *souriant.*
Mais elle a raison...
J'ai l'air d'un glouton !
(*La regardant.*)
Comment faire?.. quand tout m'excite!
Auprès d'un festin,
Délicat et fin...
C'est bien souvent
Difficil', vraiment...
De ne pas être un peu gourmand!..

Il lui baise la main.

TOUS DEUX.
Jamais un gourmet
N'y résisterait!..
A ces charmes
L'on rend les armes!
Un moka parfait,
Petit pain mollet,
D'honneur! le régal est complet!..

CÉLESTE, *prenant une chaise, et regardant par la porte du fond.* Tenez, monsieur... j' crois que c'est madame...

FROMONT, *se levant tout effrayé.* Hein?

CÉLESTE. Oui, c'est madame, avec ses tracasseries, qui redouble mon attachement pour vous.

FROMONT, *se rasseyant.* Ah!.. j'ai cru que c'était ma femme qui revenait!... Prends donc garde; il y a de quoi me donner des indigestions : c'est que ma divine Angélique a bien le caractère le plus désagréable...

CÉLESTE, *s'asseyant auprès de Fromont.*

Bah!.. elle est partie pour trois jours... Où c'qu'elle a donc été, notr' maître?

FROMONT, *déjeunant.* Solliciter..

CÉLESTE. Tiens!..

FROMONT. C'est une maladie... (*Mordant dans sa rôtie.*) Elle est dévorée d'ambition!.. elle ne rêve que grandeurs et richesses!.. la fille d'un petit frangier-drapier de la rue aux Ours!.. mais depuis qu'elle a découvert que j'étais noble...

CÉLESTE, *qui s'était assise près de lui, se levant.* Noble!.. vous, notr' maître?..

FROMONT, *la faisant rasseoir.* Reste donc?.. je n'en suis pas plus fier!.. Oui, vraiment, tel que tu me vois... on ne s'en douterait jamais... mon père était marquis...

CÉLESTE. Marquis!.. comme celui qui a une perruque et qui jette des chansons?

FROMONT. Du tout... un vrai marquis... qui avait servi comme marin...

CÉLESTE. Comme marin... sur mer?

FROMONT, *haussant les épaules* Non! dans un régiment de cavalerie... Vraiment, ma pauvre Céleste, tu fais quelquefois des questions...

CÉLESTE. Est-ce que je sais?.. Et vous, monsieur, avez-vous été aussi dans la mer?..

FROMONT. Je ne la connais pas même de vue!.. j'ai émigré à l'âge de trois ans... il paraît que j'avais des opinions très exaltées... mon éducation s'en est un peu ressentie... Quand j'ai perdu mon père, je savais à peine lire.. si bien qu'en entrant en France, sous le Directoire... M. le marquis s'est trouvé trop heureux d'obtenir un débit de tabac.

CÉLESTE. Un marquis marchand de tabac!.. ce qu'c'est qu'd'nous!..

FROMONT. Je ne m'en plains pas... je suis philosophe... Il est excellent ton chocolat... Que m'importe un rang que je n'ai pas connu, pour lequel je n'ai pas été élevé!.. toute mon existence se renferme dans mes cruches et dans mes cigarres de la Havanne!.. Je suis et je ne veux être toute ma vie... que Jean-Sosthènes-Innocent Fromont... négociant obscur.. *à la Carotte d'or!..* Mais ma divine Angélique!.. oh! c'est différent!.. c'est un diable; elle court, elle sollicite; je ne sais pas comment elle s'arrange; elle a des parens dans tous les gouvernemens. Sous le Consulat, c'était un beau-frère; un oncle sous l'Empire; et maintenant, sous nos princes légitimes, l'an de grâce 1814, c'est un cousin, un chambellan de Bonaparte, qui se trouve aujourd'hui tout naturellement gentilhomme de la chambre du roi!

CÉLESTE. Et qu'est-ce qu'elle veut que vous soyez?

FROMONT. Je n'en sais rien... Quand je l'interroge là-dessus, elle me dit toujours que je serai bien surpris... ça ne laisse pas que de m'inquiéter...

Air : *Vaud. de la Petite Sœur.*

Ma femme encor, comme autrefois,
Fraîche, aimable, vive et légère
Brille de sa grâce première...
Et je tremble quand je la vois
Fréquenter chaque ministère!..
On sait que ces donneurs d'emplois,
Parens ou non, si bien s'entendent...
Qu'en les protégeant, les sournois,
Accordent aux femmes parfois..
Plus que les maris ne demandent !

Après ça... (*Faisant claquer ses doigts.*) si ça devait me donner la paix et la tranquillité, ah! mon Dieu... (*A Céleste d'un air calin.*) Dis donc, ma bonne Céleste... aujourd'hui que je me trouve le maître... est-ce que je n'aurai pas encore quelques friandises pour mon dessert?..

CÉLESTE, *se levant.* Ah! ben!.. si madame savait que vous faites de pareilles dépenses!

FROMONT, *d'un air résolu.* Qu'est-ce que ça me fait?..

CÉLESTE, *se moquant.* Oh!.. vous en avez peur...

FROMONT. Céleste!..

CÉLESTE. Vous en avez peur!.. quand elle est là, vous êtes poule mouillée... et comme elle compte tous les jours...

FROMONT. Que tu es bête!.. Est-ce que je n'ai pas ma petite bourse secrète... dans une certaine cachette... Sans cela, comment te donnerais-je un fichu à la Sainte-Ursule... une croix d'or à la Saint-Claude... hum?..

CÉLESTE. Ah!.. c'est différent... je vas vous chercher une brioche.

FROMONT, *l'agaçant.* Toute chaude!.. ce n'est bon que quand ça vous étouffe...

Céleste sort par le fond.

SCÈNE II.

FROMONT, *seul.*

On croirait que je suis gourmand!.. Eh! bien, oui... j'aime mes aises... ce bien-être intérieur... ce calme... et quand je pense que ma femme voudrait me priver de tout cela, pour me lancer dans les places, les honneurs!.. Oh!.. elle ne réussira pas!.. Ce n'est pas qu'ils font de si drôles de nominations, depuis qu'ils sont revenus... Je vous demande un peu quelle figure j'aurais en préfet, ou en colonel de mousquetaires!.. je n'y entends rien!.. Tandis qu'ici... c'est si facile!.. quand une pratique demande du Virginie, il suffit de ne pas lui donner du St-Vincent... ça n'exige pas une intelligence supérieure... du tact... On est entouré de ses cruches, au milieu de ses pots; on dit : Ici, St-Vincent!... ici, Virginie!... On fait sa petite affaire, le nez suffit pour cela... le nez est pour beaucoup dans les tabacs... un peu de nez... voilà tout... Et quand ma divine Angélique n'y est pas surtout... quelle tranquillité... on entendrait une mouche... (Grand bruit, dans la rue, de contrevents et carreaux brisés, des cris.) Qu'est-ce que c'est que ça?... quelque malheur? (Nouveaux cris. Il va à la porte, et regarde dans la rue.) Ah! mon Dieu! quelle foule! un cabriolet renversé!.. une jeune personne évanouie!.. (Aux gens qui entourent la boutique.) Eh! tenez, tenez... entrez ici... chez moi...

SCENE III.

FROMONT, PAUL, ALICE, CÉLESTE, Voisins et Passans qui se pressent dans la boutique.

CHŒUR.

Air : Buvons, buvons!.. (Comte Ory.)

Ô ciel!.. ô ciel!.. maudit cabriolet!..
Un homme porte Alice dans ses bras, et la dépose sur un fauteuil.

PAUL, à la foule,
Rangez-vous, s'il vous plait.
CÉLESTE, de même,
Laissez-nous donc au moins
Lui prodiguer nos soins.
PAUL, repoussant la foule,
Que le ciel les confonde!..

(A Fromont.) Pardon, monsieur, pardon... Éloignez tout ce monde...

FROMONT, aux curieux.
Messieurs, laissez-nous donc!...

CHŒUR, en s'éloignant.
Allons, que tout le monde
Écoute la raison...
Allons, que tout le monde
Sorte de la maison...

Ils sortent. Céleste ferme la porte vitrée.

CÉLESTE, s'empressant. * Pauvre demoiselle!... elle est morte!..

PAUL. Eh non!.. elle n'est qu'évanouie!.. elle a eu peur... Ce cheval fougueux, ce cabriolet qui s'élançait... mais je l'avais enlevée dans mes bras avant qu'il ait pu l'atteindre.

FROMONT. Ôtons-lui d'abord son chapeau...

PAUL, la regardant. Oh!.. comme elle est jolie!.. Elle ne revient pas... des sels!.. de l'eau de Cologne!..

CÉLESTE. De l'eau de Mélisse...

FROMONT. Eh non!.. ne voyez-vous pas qu'elle étouffe... il faut la délacer... (A

* Paul, Fromont, Alice, Céleste.

Paul qui s'avance.) Permettez, permettez jeune homme, cela ne vous regarde pas!. Céleste, dans la chambre de ma femme, tu trouveras tout ce qu'il te faut...

CÉLESTE, soutenant Alice qui commence à marcher un peu. Oui, monsieur. Venez, venez, ma chère demoiselle...

Elles entrent dans la chambre à gauche de l'acteur.

SCENE IV.
PAUL, FROMONT.

PAUL, regardant Alice s'éloigner. Ah!.. je donnerais ma vie...

FROMONT. C'est votre sœur?

PAUL, distrait et regardant la porte. Non, monsieur...

FROMONT, prenant une prise de tabac. Votre parente?

PAUL. Non, monsieur...

FROMONT, souriant. J'entends; c'est mieux que cela?..

PAUL, le regardant. Non, monsieur, vous vous trompez; je la vois aujourd'hui pour la première fois; mais je sens que désormais mon sort, mon bonheur, mon existence ne dépendront que d'elle seule.

FROMONT, souriant. Amoureux... à la première vue?..

PAUL. Dans notre état, nous n'avons pas de temps à perdre...

FROMONT, regardant son uniforme. Au fait!.. un militaire... car vous êtes militaire?

PAUL. Je suis dans la marine... aspirant de première classe.

FROMONT, avec un peu d'ironie. Joli grade!.. Eh bien! qui vous empêche d'épouser votre belle inconnue?..

PAUL, étourdiment. Je suis tout prêt! (S'arrêtant.) Mais...

FROMONT. Vous ne savez pas son nom?..

PAUL. Ce n'est pas cela qui m'arrêterait..

FROMONT. Vous ignorez si sa famille?..

PAUL. Qu'est-ce que cela me fait, sa famille! il n'y a qu'une difficulté... c'est que dans une demi-heure il faut que je sois parti pour Toulon... ma place est retenue à la diligence, ici près...

FROMONT, riant. Je conçois!.. ça serait un peu court... pour publier les bans. (A part.) Drôle de petit bonhomme!..

PAUL. Ou plutôt... Oh! non, non!.. je ne partirai pas... (Se frappant le front.) car, je n'ai plus qu'à me brûler la cervelle!..

FROMONT, effrayé. Qu'est-ce que c'est? vous plaisantez, j'espère?..

PAUL. Du tout!..

FROMONT. Parce que vous êtes amoureux?

PAUL. Si ce n'était que cela ; mais parce que je... suis perdu... déshonoré...

FROMONT. Vous?..

PAUL. Je n'y survivrai pas!

FROMONT. Ah! mon Dieu!.. Pauvre enfant!.. il m'intéresse... Voyons, jeune homme, qu'y a-t-il donc?.. que vous est-il arrivé?.. vous avez commis quelque faute?..

PAUL. La plus impardonnable... Mon père, lieutenant de corvette, et notre commandant *par intérim*, m'avait envoyé ici, avec une mission particulière près du ministre ; je venais de recevoir les ordres cachetés que je devais reporter à Toulon, lorsque, pour mon malheur, en sortant du ministère, je rencontre des jeunes gens, d'anciens camarades, un surtout, qui m'entraînent à un dîner d'adieu.

FROMONT. Je comprends... le Champagne a fait des siennes...

PAUL. On s'est mis à jouer.

FROMONT. Ah! pauvre petit!

PAUL. Et j'ai perdu non seulement ce que j'avais, mais sur parole, un argent que je n'avais pas, que je ne pouvais pas donner... Comme un fripon... (*Avec un mouvement.*) il le croira du moins... je lui ai donné rendez-vous aux diligences... j'espérais avant mon départ, pouvoir lui rendre. (*Avec agitation.*) Et rien!.. rien!.. et ces ordres qui n'arriveront pas!... et mon père, mon pauvre père, qui n'a plus que moi au monde...

Air : *Un page aimait la jeune Adèle.*

Son espérance hélas ! sera trompée!..
Lui qui n'avait, dans son malheur,
De fortune que son épée,
Un nom sans tache et son honneur...
Mais cet honneur, je crois déjà l'entendre !
Quoi! dira-t-il : mon fils, mon fils chéri...
C'est toi qui devais le défendre;
Et c'est toi qui me l'as ravi...

Vous voyez bien que je n'ai plus qu'à me tuer...

FROMONT, *essuyant une larme.* Fi donc! à votre âge! avec un si bel avenir! (*Lui serrant la main.*) Car vous êtes un brave jeune homme, j'en suis sûr ; vous m'avez tout ému... et puis ce pauvre père... qui est seul!.. Combien avez-vous perdu sur parole?..

PAUL, *tristement.* Cent écus!..

FROMONT, *avec joie.* Ah!.. que c'est heureux!.. si vous m'aviez demandé un sou de plus... je n'aurais pas pu!.. c'est juste le montant de mon petit boursicot... je vais vous les chercher.

PAUL. Quoi, vous voulez?..

FROMONT. Pardi! vous empêcher de vous brûler la cervelle.

PAUL. Sans me connaître!.. sans savoir si je ne vous ai pas trompé?..

FROMONT. Laissez donc ..(*Montrant son uniforme.*) avec cet habit-là... on ne ment jamais !.. Dailleurs, je rends un fils à son père, un jeune homme à ses devoirs.. je me fais un ami... ma femme n'en saura rien... tout cela pour cent écus... vous voyez bien que c'est un marché d'or. (*A son oreille.*) Restez là. (*En riant.*) Il faut que je descende à la cave ; c'est caché dans un pot de Macoubac?..

Il sort de côté, à droite de l'acteur.

SCENE V.
PAUL *seul, attendri.*

Ah!..le digne homme! le brave homme!.. Comment jamais reconnaître?.. Si du moins mon père et moi nous pouvions nous faire tuer pour lui!.. mais un débitant de tabac... il n'y a pas d'apparence!.. (*Apercevant Alice qui revient.*) Voici mon inconnue .. qu'elle est bien... oh! maintenant que je suis tranquille de l'autre côté, je puis redevenir amoureux tout à mon aise!..

SCENE VI.
PAUL, ALICE, *conduite par* CÉLESTE.

CÉLESTE, *à Alice, lui montrant Paul.* Oui, mamzelle, c'est lui qui vous a sauvé la vie.

ALICE, *avec embarras.* * Ah! monsieur... je viens d'apprendre tout ce que je vous dois... et il me tardait,..

PAUL, *de même.* Moi aussi, mademoiselle... il me tardait...

ALICE, *balbutiant.* Vous ne devez pas... douter....

PAUL, *de même.* Ni vous non plus... assurément!..

Ils restent un moment interdits.

CÉLESTE, *les regardant.* Eh! bien... qu'est-ce qu'ils ont donc?.. ils n'osent plus se dire un mot... eux qui étaient si impatiens!.. (*Bas à Paul.*) Hein?.. quels beaux yeux!..

PAUL, *bas.* A qui le dis-tu?

CÉLESTE, *bas à Paul.* Elle s'appelle Alice!.. (*Bas à Alice.*) Un joli garçon!

ALICE, *baissant les yeux.* Je ne l'ai pas bien regardé...

CÉLESTE. Laissez donc, vous ne faites que cela... (*Bas.*) Mais parlez lui donc... quand on vous sauve la vie, c'est bien le moins qu'on dise : *En vous remerciant!*

Elle fait passer Alice auprès de Paul. **

ALICE, *timidement.* Et puis-je savoir, monsieur, à qui je suis redevable?..

* Paul, Céleste, Alice.
** Paul, Alice, Céleste.

PAUL. Paul Louet, aspirant de première classe.

CÉLESTE, *à elle-même.* Qui peut aspirer à bien des choses !

PAUL. Sur la corvette... la *Salamandre*, que je vais rejoindre à l'instant...

ALICE. Croyez, M. Paul... que ma reconnaissance...

PAUL, *vivement.* De la reconnaissance !.. ah !.. vous ne m'en devez aucune... du premier moment que je vous ai vue, il m'a semblé que je retrouvais quelqu'un qui m'était bien cher !.. quelqu'un que j'aimais depuis long-temps !..

CÉLESTE. A la bonne heure !.. voilà qu'il s'y met celui-là...

PAUL. Et quand je vous ai sentie là... sur mon cœur !.. dans mes bras... pâle, inanimée... oh ! alors, je priais le ciel comme pour une sœur, pour un ami, pour mon père, pour ce que j'aime le plus au monde...

CÉLESTE, *attendrie.* Est-il gentil ?.. Ah ! que les aspirans de première classe sont aimables !..

PAUL, *voyant qu'Alice garde le silence.* Vous aurais-je offensée ?..

ALICE. Oh ! non, mais,.. vous partez !.. nous ne nous reverrons peut-être... jamais...

PAUL. Jamais ?..

ALICE. Et je ne puis vous offrir un gage.. de mon amitié... car je n'ai rien... je ne possède rien... *(Apercevant sa petite croix à son cou.)* Ah ! cette croix de ma bonne mère ?.. c'est tout ce qui me reste...
Elle la détache.

Air : *De Notre-Dame de Bon-Secours.*
(d'Amédée de Beauplan.)

Oui, c'est d'une mère chérie,
Qu'elle me vient... ainsi que cet anneau !..
   Cette croix me sauva la vie,
      Dès le berceau ! bis.
Quand le mal fermait ma paupière,
(Montrant sa croix.)
   Devant elle... et pâle d'effroi...
Souvent, la nuit, ma bonne mère !
      Priait pour moi ! bis.
Le ciel, touché de sa souffrance,
De la mort suspendait les coups !..
Qu'il daigne encor, dans sa puissance,
      Veiller sur vous... bis.
Au milieu des flots, d'un orage,
Gardez toujours ce présent... d'une sœur !..
   D'amitié le plus simple gage
      Porte bonheur ! bis.
Dieu veillera sur vous, j'espère ;
Il lit dans mon cœur, *(Hésitant.)* et je croi...
Qu'en le priant pour vous !.. ma mère,
(Baissant les yeux.) Priera pour moi !.. bis.

PAUL, *prenant la croix et la couvrant de baisers.* Elle ne me quittera plus... et vous ne m'oublierez pas ?

ALICE. Oh ! jamais !..

CÉLESTE, *s'essuyant les yeux.* Je crois bien ; je ne vous oublierai pas non plus, moi, à qui vous n'avez rien sauvé. (*Bas à Alice.*) Quel dommage que nous ne demeurions pas ensemble... je vous en parlerais à chaque minute. (*Haut.*) D'abord, je lirai le journal tous les matins pour avoir de vos nouvelles. On y met les officiers, dans le journal, n'est-ce pas ?

PAUL, *souriant.* Oui, lorsqu'ils sont morts en combattant.

ALICE. O ciel !

CÉLESTE. Eh bien ! je n'y regarderai pas.

UN PARTICULIER, *dans la boutique.* Ohé ! la boutique !

CÉLESTE. Allons, au moment le plus intéressant, v'là qu'on demande une once de tabac... si ce n'est pas insupportable !

LE PARTICULIER, *avec impatience.* Ohé ! la boutique !

CÉLESTE. On y va... (*Aux jeunes gens.*) Je reviens dans la minute.
Elle sort par le fond.

SCÈNE VII.
PAUL, ALICE.

ALICE, *voulant suivre Céleste.* Comment ! elle nous laisse seuls ?

PAUL, *la retenant.* Ah ! ne m'enviez pas ce court instant de bonheur !.. je vais m'éloigner de vous pour long-temps ; et vous ne m'avez pas dit si vous me permettiez d'espérer... de chercher un jour... à vous mériter...

ALICE, *baissant les yeux.* Mais, je ne croyais plus .. avoir besoin.... de vous rien dire.

PAUL. Il serait possible !

ALICE, *l'interrompant.* Mais à quoi bon des promesses, des sermens dont le souvenir sera bientôt perdu pour vous ?.. Un jeune homme... un marin... (*Avec tendresse.*) Moi, du moins, je n'aurai plus d'autre pensée, et, seule, loin de vous, je sens que mon cœur ne sera jamais qu'à celui à qui je dois la vie.

PAUL, *vivement.* Ah ! ce mot décide de mon sort !.. Oui, toujours votre image... (*La main sur son cœur.*) toujours là jusqu'à la mort.

SCÈNE VIII.
PAUL, FROMONT, ALICE.

FROMONT, *qui l'a entendu.* Jusqu'à la mort !.. c'est-à-dire jusqu'à la diligence qui vous attend.

PAUL, *à Alice.* Ah ! mon Dieu ! vous quitter déjà !

FROMONT. On vient de sonner la cloche ; vous n'avez plus que cinq minutes. (*Bas*, *et lui donnant une bourse.*) Tenez, mon jeune ami.

PAUL, *bas, et l'embrassant.* Ah! mon sauveur!

FROMONT. C'est bien, c'est bien... (*Bas.*) Allez payer votre créancier. (*Haut.*) Et puis, fouette cocher! jusqu'à Toulon.

ALICE, *à part, avec un soupir.* A Toulon!

FROMONT. Bien des choses à monsieur votre père que je ne connais pas.. que je ne connaîtrai jamais sans doute... et portez-vous bien.

PAUL, *l'embrassant, et jetant un regard sur Alice.* Adieu! adieu!

FROMONT, *à Alice.* Quant à vous, ma belle demoiselle, je vois que vous êtes tout-à-fait remise?

ALICE. Oui, monsieur, grâce aux soins que j'ai reçus.

FROMONT. Je suis trop heureux!.. Mais on doit être inquiet chez vous, et si vous le permettez, je vais vous reconduire à vos chers parens.

ALICE, *tristement.* Hélas! monsieur, je n'en ai pas.

PAUL, *s'arrêtant au fond.* Qu'entends-je?

FROMONT. Vous seriez...

ALICE. Orpheline!..

PAUL, *revenant.* Orpheline?

FROMONT, *le voyant.* Eh bien! vous n'êtes pas parti, vous? Que diable, mon cher ami, vous ne pouvez pas lui servir de père.

PAUL. Vous voulez que je la laisse... quand elle manque de tout...

FROMONT. Ce n'est pas une raison pour manquer la diligence.

PAUL, *à Alice.* Quoi, vous n'avez d'autre soutien...

ALICE. Que mon piano et mes leçons.

FROMONT. Pauvre petite!

ALICE. Mais je ne m'en plains pas, cela me vaudra peut-être plus de bonheur qu'on ne pense; dans ce moment, une dame me fait offrir deux places à choisir pour surveiller l'éducation de jeunes personnes; l'une à Versailles, l'autre dans les environs de Toulon... et (*Baissant les yeux.*) je crois que je choisirai les environs de Toulon...

FROMONT, *d'un grand sérieux.* Au fait, c'est plus près... avec les petites voitures... on y est tout de suite...

PAUL, *vivement.* Oh! oui!.. vous avez raison... c'est celle-là qu'il faut prendre...

FROMONT, *le poussant.* Mais partez donc, jeune homme!..

Paul fait une fausse sortie, puis revient auprès d'Alice*.

* Fromont, Paul, Alice.

PAUL.
Air : *Tandis qu'il fait nuit encore.*
Adieu! l'honneur me l'ordonne!..
Je garde encor de vous revoir...
L'espoir!
Au sort, mon cœur s'abandonne...
Et tout me dit.. le bonheur et l'amour
Un jour,
Te consoleront tour à tour.

ENSEMBLE.

PAUL *et* ALICE.
Je pars l'honneur me l'ordonne, etc.
Partez me vous

FROMONT.
Partez, l'honneur vous l'ordonne;
Mais conservez de vous revoir
L'espoir.
Qu'au sort chacun s'abandonne!
Le ciel est bon!.. le bonheur et l'amour
Un jour,
Vous consoleront tour à tour.

Paul baise la main d'Alice à plusieurs reprises, serre celle de Fromont et se sauve en courant.

SCÈNE IX.
FROMONT, ALICE, *puis* CÉLESTE.

FROMONT. Charmant, vif, impétueux, comme j'étais à son âge... Allons, ma chère enfant, je vais toujours vous accompagner chez cette dame... de peur de nouveaux accidens. (*Appelant.*) Céleste!

CÉLESTE, *répondant du fond.* Monsieur!

FROMONT. Ma canne et mon chapeau.

CÉLESTE, *paraissant*.* Voilà!.. (*A Alice.*) Eh bien! il est donc parti... il vient de m'embrasser. C'est un bien aimable jeune homme!

FROMONT. Allons donc, Céleste!

CÉLESTE, *lui donnant une lettre.* Oui, monsieur. Ah! une lettre que j'oubliais...

Elle va chercher le chapeau.

FROMONT, *regardant l'écriture.* Ah! mon mon Dieu! c'est de ma femme!

Il va auprès de la table.

CÉLESTE, *laissant tomber le chapeau.* De madame?.. Est-ce qu'elle revient?

FROMONT, *abattu.* J'en ai peur!

CÉLESTE. Voyez donc vite, monsieur, c'est peut-être une fausse alerte.

FROMONT, *ouvrant la lettre*.* Je ne suis pas assez heureux pour ça. ..Voilà déjà la sueur froide qui me prend. (*A Alice.*) Vous permettez... (*Lisant.*) « Monsieur le marquis, (*A part.*) Est-elle folle? (*Lisant.*) » je vous embrasserai dans quelques instans. (*D'un air piteux.*) Chère amie!.. ça me fera bien plaisir! (*Lisant.*) « Mais au » reçu de la présente, vous commencerez » par mettre mademoiselle Céleste à la » porte.

* Fromont, Alice, Céleste.
* Fromont, Céleste, Alice.

CÉLESTE. Moi!

FROMONT, *en colère.* Par exemple! je ne souffrirai pas! N'aie pas peur, Céleste! Qu'est-ce que c'est donc que ça? une fille qui m'est dévouée. (*Lisant.*) « Je m'étais » aperçue depuis long-temps de certaines » choses qui ne conviennent pas... vous » me comprenez; et vous vous empresse- » rez d'obéir... » (*A Céleste.*) Ah! diable!.. de quoi s'est-elle donc aperçue?

CÉLESTE, *baissant les yeux.* Dam! monsieur... je n' sais pas.

FROMONT, *à demi-voix.* Est-ce que? oh! non! ça ne peut pas être ça...

CÉLESTE. Enfin, monsieur, vous me soutiendrez, j'espère!

FROMONT. Si je te soutiendrai... parbleu!.. je ne suis un zéro dans la maison!.. Quelle femme! elle ne peut pas souffrir les gens qui m'aiment. (*Hésitant.*) Mais, vois-tu, Céleste, si ma femme l'a mis dans sa tête, comme il faudra que tu finisses toujours par t'en aller, peut-être vaudrait-il mieux... ce serait peut-être plus adroit de se résigner tout de suite.

CÉLESTE, *pleurant.* Là! j'en étais sûre! vous n'avez pas plus de cœur qu'un hanneton!

FROMONT, *la calmant.* Céleste!

CÉLESTE.

Air : *Plus qu'un millionnaire.* (De l'Artiste.)

Mé v'là ben... la bell' chose!
M' laiss'rez-vous aujourd'hui
Chasser sans aucun' cause?..
Mais c'est toujours ainsi.
Les hommes sont d'un' faiblesse!
Nous perdons, tout's, hélas!
Not' temps, et not' jeunesse
A n' fair' que des ingrats.

FROMONT. Céleste, prenez garde... il y a un tiers.

CÉLESTE, *sanglotant.* C'est une horreur! une infamie! et ne pas me donner les huit jours!

FROMONT, *bas.* Tu les auras... je t'en donnerai quinze... en argent.

CÉLESTE. Où vais-je aller, maintenant?

ALICE, *avec bonté.* Avec moi... si vous consentez à partager ma mauvaise fortune?

CÉLESTE. Que dites-vous, mamzelle?

ALICE. Que l'on m'autorise à me faire accompagner par quelqu'un dans ce long voyage... et je ne sais.... Mais j'ai idée que nous nous conviendrons... (*A mi-voix.*) Vous m'avez promis de me parler de lui...

CÉLESTE, *bas.* Oh! tant que vous voudrez... je cause très volontiers, d'abord...

FROMONT. Eh bien! cela s'arrange à merveille; te voilà replacée, ma pauvre Céleste!

CÉLESTE, *faisant quelques pas pour sortir.* Et je m'en vais tout de suite?

FROMONT. Oui, tu vas accompagner madamoiselle...

CÉLESTE, *revenant.* Quoique ça, notre maître, je vous regrette bien, allez...

FROMONT, *ému.* Va, va, mon enfant!

CÉLESTE. Je reviendrai pour mon paquet et pour vous dire adieu.

FROMONT, *à mi-voix.* Oui, le matin... avant que ma femme ne soit levée.

CÉLESTE, *le cœur gros.* Car je vous aime toujours..., quoique vous ayez la chose de m' chasser.

FROMONT, *lui serrant la main à la dérobée.* Observez-vous, Céleste!

CÉLESTE. Oui, monsieur!.. Ah! (*Fondant en larmes et se jetant à son cou.*) Adieu, not' maître!..

FROMONT, *regardant Alice.* Elle est très attachée!

CÉLESTE.

Air : *Il faut partir, ô peine extrême!*
(Du Tableau parlant.)

Il faut partir!.. ô peine extrême!..

FROMONT.

J'en suis ému comme toi-même..

ENSEMBLE.

ALICE, *à part.*

Déjà l'espoir brille à mes yeux!

CÉLESTE.

Les pleurs s'échappent de mes yeux!..

FROMONT.

Non, plus d'alarmes,
Sèche tes larmes,
Console-toi, sèche tes larmes!
Nous nous reverrons tous les deux!

CÉLESTE.

Il me faut quitter ces lieux....
Allons, recevez mes adieux!

ALICE.

Déjà l'espoir brille à mes yeux!
Nous nous reverrons tous les deux!

Alice et Céleste sortent par le fond.

SCÈNE X.

FROMONT, *seul et les suivant des yeux.*

Adieu, Céleste!.. adieu!.. (*Essuyant une larme.*) Pauvre fille?.. que c'est bête d'être sensible comme ça... C'est ridicule de la renvoyer... il faudra que j'en prenne une autre, et je ne trouverai jamais aussi bien, certainement! (*Voyant la lettre qu'il a jetée sur la table.*) Tiens, je n'ai pas fini la lettre de ma divine Angélique!.. Voyons donc si elle m'a réservé encore quelque surprise agréable... (*La reprenant et la parcourant.*) Hein? qu'est-ce que je vois là?.. (*Lisant.*) « Vous pouvez reprendre votre titre... Ça ferait du propre, monsieur le marquis de

---

* Céleste, Fromont, Alice.

la Civette!..(*Lisant.*) « Grace à mes nobles » protecteurs, vous êtes enfin reconnu » pour le digne héritier de vos aïeux... (*A lui-même.*) Pardi, je n'avais pas besoin d'eux pour savoir que j'étais le fils de mon père!.. (*Lisant.*) « Nos excellens princes » veulent que chacun reprenne sa position. » Votre père était un marin distingué, vous » lui succédez tout naturellement ; le temps » que vous avez passé à l'émigration et dans » le commerce vous est compté comme » service effectif... (*A lui-même.*) Pour une pension... j'accepte!.. (*Lisant.*) « et vous » êtes nommé capitaine de frégate (*Étourdi.*) Capitaine! moi! quelle est cette mauvaise plaisanterie?.. (*Lisant.*) « De plus... » on vous accorde le commandement d'une » cornette.—Hein? d'une cornette... ils se trompent... c'est pour ma femme!.. (*Relisant.*) Ah! « d'une corvette... » (*S'interrompant avec colère.*) Commandant d'une corvette! s'il est possible!.. on le croira pas!.. on ne croira jamais... que ces malheureux... aient été assez simples... moi, qui n'ai jamais vu la mer, qui tremble quand il faut aller à St-Cloud... par le coche d'Auxerre!.. (*Lisant.*) « Voici le mo- » ment de reprendre le rang que j'ambi- » tionnais depuis si long-temps... de l'au- » dace... du courage!... (*A lui-même.*) Oui, du courage! je n'ai plus une goutte de sang dans les veines!.. (*Lisant.*) « Je vous » attends au ministère, où vous recevrez » vos dernières instructions... Vous partez » demain... (*A lui-même et furieux.*) Par exemple!.. c'est trop fort!.. me prend-elle pour une girouette... un ton—ton... que l'on fait tourner à tout vent?.. Je n'irai pas... je ne partirai pas... au diable le marquisat... au diable la corvette, au diable ma femme! je ne quitte pas mon débit de tabac... je m'y cramponne!.. je mourrai au milieu de mes carottes...Ah! ah! si elle croit... Mon débit me suffit! (*Lisant.*) « Quant à votre débit de tabac... pour qu'il » ne soit pas perdu... je viens de le faire » donner à un de mes cousins... (*Laissant tomber la lettre.*) Là!.. c'est donc une furie! une mégère!.. une Tysiphone... déchaînée contre mon repos et mon existence! m'enlever mes tabacs!.. me mettre sur le pavé... sans ressources... comme un Enfant-Jésus!.. Ça ne se passera pas ainsi.. Puisqu'on me fait sortir de mon caractère, je m'insurge!.. je cours dans les bureaux... je verrai le ministre... je verrai le roi... je r'aurai mon débit, ou je renverse le gouvernement...

Air : *Fragment de Gustave.*
Non, non, non,
Je tiendrai bon.
C'est en vain que l'on espère,
A son désir,
En martyr,
Me faire enfin consentir !
N'allons pas,
Changer, hélas !..
De soleil et d'hémisphère...
J'aurai du mal,
C'est égal...
Qu'un autre soit... amiral !..
D'ici j'entends déjà ma femme ;
Elle criera,
S'emportera,
Mais, ma foi, l'on s'en moquera !
Faisant comme s'il se disputait avec elle.
—Comment, monsieur ? —Non, non, madame !
—Quel homme affreux !
—Ah ! de nous deux,
Je suis le maître... et je le veux ?
Geste expressif comme pour lui imposer silence. Il continue en souriant.
Le beau plaisir,
D'aller courir...
Au bout des Antipodes,
Pour voir comment
Est, en passant,
Le colosse de Rhodes !..
Chez les Chinois,
Les Iroquois,
J'irais sous l'autre zone !
Au lieu, morbleu !
Du cordon bleu,
J'irais gagner la fièvre-jaune !..
(*Avec force.*) Non, non, morbleu !
Non, ventrebleu !
(*D'une voix attendrie.*)
Mon paradis,
C'est Paris...
Doucement je veux y vivre...
Des ouragans,
Des autans,
Les pauvres gens sont exempts...
Heureux destins,
Les chagrins
Ne viennent point m'y poursuivre.
Point de mic-mac...
Mon hamac,
C'est mon débit de tabac !..
Il va pour sortir et s'aperçoit qu'il pleut à verse ; s'arrêtant et parlant.
Là !.. une pluie battante !.. vite, mon riflard... Comme c'est joli un capitaine de vaisseau, qui a peur de l'eau ?.. Allons donc...

Reprise.
Mon paradis,
C'est Paris,
Doucement je veux y vivre.
Des ouragans,
Des autans,
Les pauvres gens sont exempts...
Heureux destins,
Les chagrins
Ne viennent point m'y poursuivre...
Point de mic-mac...
Mon hamac,
C'est mon débit de tabac !..
Il ouvre son parapluie, se dispose à fermer la boutique.—La toile tombe.

LE CAPITAINE DE VAISSEAU,

VAUDEVILLE NAUTIQUE.

ACTE I.

Le théatre représente l'intérieur de la chambre du conseil, à bord de la Salamandre.—Table, chaises, cartes marines suspendues à la boiserie. Sur le premier plan, à gauche de l'acteur, une porte au-dessus de deux petites marches. A droite, à l'angle du fond, une autre porte, et du même côté sur le premier plan une porte basse.—Le fond est occupée par trois croisées donnant sur la mer.

SCENE PREMIERE.

PIERRE LOUET, *écrivant à la table*, PAUL, *avec une longue-vue, regardant de temps en temps par la fenêtre du milieu* ; PROVENÇAL, GIROMONT, BOUQUIN, *Matelots, épongeant la boiserie et rangeant les pavillons.*

CHŒUR.

Air Napolitain.

Nargue des vents et de l'orage,
C'est le refrain
Du vrai marin :
Laissons sur le rivage
L'amour et le chagrin.

PAUL, *seul.*

Du matelot qui fuit loin de sa belle,
L'espoir, hélas ! est le jouet des vents ;
Sur le tillac quand la lune étincelle,
Au bruit des flots il chante ses tourmens,
Et dit tout bas : « Quand je lui suis fidèle,
» Se souvient-elle encor de nos sermens ? »

CHŒUR.

Nargue des vents et de l'orage, etc.

PAUL.

Comme la vague et rapide et légère,
Le matelot s'abandonne à son sort :
Joyeuse vie alors qu'il est à terre ;
Et quand la mer vient engloutir son bord,
Le matelot à son heure dernière
S'endort gaîment, en répétant encor :

CHŒUR, *très doux.*

Nargue des vents et de l'orage,
C'est le refrain
Du vrai marin :
A son dernier voyage,
C'est le chant du marin.

Quelques matelots sortent par la droite, et la gauche.

PAUL, *regardant avec la lunette.* Rien... Depuis deux mois que je suis de retour, et que nous n'avons pas bougé du port, point de nouvelle... M'aurait-elle oubliée ?.. Tout-à-l'heure, j'avais cru reconnaître, au milieu de ce bois d'orangers... je me serai trompé !

GIROMONT, *frottant.* Notre pauvre Salamandre !.. la voilà donc remise à flot... Dis-donc, Provençal.

PROVENÇAL, *avec un accent fortement prononcé.* Qu'ès aco ?

GIROMONT. Sais-tu le nom du nouveau capitaine qui nous arrive ?.. (*Cherchant.*) Le marquis de...

PROVENÇAL, *brusquement.* Caspi !.. peu m'importe... un baron... un marquis, un troun dé l'air de leur nouvelle boutique... Mon système, c'est qu'il aurait fallu nous donner tout platement, pour capitaine, le lieutenant Pierre Louet, qui est un *rudus, ruda, rudum*... pour la chose du service ; mais qui est le père du matelot, et bienfaisant dans toutes sortes de subsistances.

BOUQUIN. Il ne nous laisse pas aller à terre souvent... mais il a raison ; nous en revenons toujours le gosier trop humide et le gousset trop sèche.

GIROMONT. Le nouveau capitaine sera peut-être fier, hautain.

BOUQUIN. Une antiquaille, qui ne nous pardonnera pas de nous être battus pour l'autre.

PROVENÇAL. Tandis que le lieutenant...

BOUQUIN Oh ! dam ! c'est celui-là qui a fait ses preuves !

GIROMONT. Brave comme un boulet de trente-six !

BOUQUIN Et tendre pour l'ennemi comme une ancre de miséricorde.. et bariolé de blessures.. dans toutes les dimensions... C'est qu'il n'y a pas à dire... il a été partout, celui-là... à Aboukir, à Trafalgar... partout où il y avait quelque chose à recevoir... il était toujours là... jamais il n'a dit : Assez, je n'en veux plus !.. et c'est des gens comme ça qu'on victime!.. Hum! brave homme!

PROVENÇAL. Et son petit galopin d'aspirant!.. ça vous a déjà une poigne!..

PAUL, *lui frappant sur l'épaule.* Eh! bien Provençal?

PROVENÇAL, *aux matelots.* Qu'est-ce que je vous disais...

PAUL. Nous dormons?

PROVENÇAL. Ah! ben oui, mon aspirant.. c'est qu'on souffle un peu, pour dire qu'on se repose.

Ils se remettent à rouler les pavillons qu'ils serrent dans les coffres.

PIERRE, *écrivant.* Paul... l'adresse?.. M. Fromont...

PAUL, *s'approchant.* Débitant de tabac, rue du Mail... Qu'est-ce que tu lui dis, père?

PIERRE. Oh! pas de phrases! ce n'est pas mon habitude... je lui rends grâces de ce qu'il a fait pour mon mauvais sujet de fils... je lui répète qu'il peut me demander ma vie... qu'elle lui appartient.. et je m'excuse de ne lui envoyer que le tiers de la somme... qu'il faut que je prélève tous les mois sur mes appointemens...

PAUL, *ému.* Et pourquoi ne pas prendre sur les miens?

PIERRE. Non, monsieur... il faut que vous soyez puni... en voyant les privations que votre père s'impose... cela vous corrigera peut-être!..

PAUL, *lui serrant la main.* Ah!.. père...

PIERRE, *plus doucement.* Allons, Paul... ne me donne plus de chagrin.

Air: Vaud. du Charlatanisme.

Depuis que le sort, m'accablant,
M'enleva ta mère chérie...
J'ai rassemblé sur toi seul, mon enfant,
Mon bonheur... l'espoir de ma vie!..
Mais... j'ai deux tâches à remplir:
Comme ton chef et comme père,
Il me faut souvent te punir!..
Puis pardonner.. te g'ter... te chérir...
Pour remplacer ta pauvre mère!..

Il l'embrasse tendrement.

PROVENÇAL. V'là qu'est fait mon lieutenant!..

PIERRE. C'est bien!.. tous les hommes sur le pont!.. le cambusier montera double ration d'eau-de-vie!..

PROVENÇAL. Que l'on boira à votre santé.

BOUQUIN. Double ration!.. hum! brave homme!.. Ah! je n'aimerai pas le nouveau capitaine.

PROVENÇAL. Vive le lieutenant!

Reprise du chœur.

Nargue des vents et de l'orage, etc.

Ils sortent.

SCÈNE II.

PIERRE, PAUL, *puis* GARNIER.

PIERRE. Maintenant, arrive ce marquis de Longetour quand il voudra... (*Apercevant Garnier.*) Eh! Dieu me pardonne! c'est notre vieux Garnier, notre chirurgien major.

GARNIER.* Lui-même, mon cher ami... Bonjour, lieutenant... Bonjour, mon petit Paul.

PAUL, *lui secouant la main.* Salut, docteur!..

PIERRE. Nous t'avons cru mort!..

GARNIER. Parbleu!.. je l'ai cru aussi...

PAUL, *riant.* Et il s'y connaît!..

PIERRE. Trois mois à terre!.. un médecin qui reste malade si long-temps!..

PAUL. Dam!.. s'il se traitait lui-même!

GARNIER, *le menaçant en riant.* Espiègle... prends garde de tomber entre mes mains!.. (*A Pierre.*) Le fait est que j'ai cru couler bas!.. mais, Dieu merci! le vent a changé; et me voilà!..

PIERRE. Et tu reviens pour recevoir notre nouveau capitaine?..

GARNIER. Ce qui me vexe énormément!

PAUL. Bah!..

PIERRE. Pourquoi donc?..

GARNIER, *hésitant.* Ah!.. parce que... vous allez me rire au nez... mais il faut que la bombe éclate!.. parce que je suis amoureux!..

PIERRE, *riant.* Toi!..

PAUL, *riant aux éclats.* Vraiment!..

GARNIER. Qu'est-ce que je disais... les voilà partis!..

PIERRE. Et tu veux te marier?

GARNIER. Tout de suite...

PAUL. Est-il pressé!..

GARNIER. Comme quand il faut se faire couper une jambe...

PIERRE. Il ne faut pas s'amuser à réfléchir!

PAUL, *riant.* C'est par amour pour la science!.. Il veut laisser, en partant, quelque petit étudiant en médecine.

GARNIER. Du tout, monsieur le goguenard... je veux laisser mon nom... et le peu que je possède... à un ange... à qui je dois peut-être les jours que j'ai encore à vivre! Si vous saviez quels soins!.. Pendant ma convalescence, elle habitait avec cette excellente famille qui m'avait recueilli chez elle; et il se trouve qu'elle était la fille de mon plus ancien camarade de collége, un pauvre diable... mort dans mes bras!.. ça m'attachait doublement à elle!..

* Pierre Garnier, Paul.

Air : *Léger comme le Papillon.*

La famille voyait cela
Et chacun me disait sans cesse :
« Allons, mon cher, épousez-la...
» Donnez un guide à sa jeunesse !..
» Elle fera par sa douceur
» Une épouse sage et sévère...
» Elle fera votre bonheur... »
En souriant. Ma foi, je vais la laisser faire !
Elle doit faire mon bonheur,
Ma foi, je vais la laisser faire.

PIERRE. Et elle t'adore ?..

GARNIER. Oh !.. elle ne me l'a pas dit précisément, mais...

PIERRE, *gaîment.* Vieux fat !..

PAUL. Ah !.. ça... je serai le premier garçon de noce ?..

GARNIER. C'est convenu !.. Est-ce que le nouveau capitaine arrive ce matin ?..

PIERRE. Sans doute...

GARNIER. Tant pis !..

PIERRE. Pourquoi ?..

GARNIER. C'est que ma future meurt d'envie de voir un bâtiment armé en guerre ; je l'avais engagée à venir aujourd'hui visiter notre corvette.

PIERRE. Laisse-la venir ; les dames sont toujours bien reçues.

PAUL, *à part, regardant toujours par la fenêtre.* Encore cette robe blanche ! oh ! pour le coup...

SCÈNE III.

Les Mêmes, BOUQUIN, *accourant.*

BOUQUIN. Lieutenant !.. lieutenant !.. on signale un canot, pavillon attaché.

PIERRE. C'est le capitaine !

GARNIER. Nous allons enfin le connaître...

PIERRE. Tout le monde à son poste !
Il sort avec Garnier et Bouquin.

SCÈNE IV.

PAUL, *seul.*

Et moi, pendant ce temps, je puis m'échapper ! Oh ! je n'y tiens plus !.. Si c'était Alice que j'ai entrevue tout à l'heure !.. (*Regardant par la fenêtre.*) Mais comment faire ?.. pas un canot... Eh bien, morbleu ! à la nage... mon habit, mon chapeau sur une planche, et vogue la galère !.. Je me moque des dangers, des arrêts... je me moque de tout...

Il ôte son habit et l'attache en chantant.

Air : *Dans les palais.* (Barcarolle de Troupenas.)
L'onde mugit ; mais qu'importe un naufrage ?
De m'arrêter rien n'aurait le pouvoir,
Mon cœur me crie : Alice est au rivage ;
Elle m'appelle et je vais la revoir !
Le vent s'élève, il me secondera ;
Oui, sur les flots l'amour me guidera.
Ah ! ah ! ah ! ah !
La, la, la,
Ah ! ah ! ah !
La, la, la.

Il se dispose à passer par la fenêtre.

SCÈNE V.

PAUL, PIERRE.

Il est rentré pour prendre une lunette et aperçoit Paul, une jambe déjà hors de la fenêtre.

PIERRE, *courant à Paul.* Qu'est-ce que c'est ?..

PAUL. Ciel !.. mon père !..

PIERRE, *vivement.* Qu'alliez-vous faire, monsieur ?.. quitter le bord !.. déserter votre poste !.. (*A part.*) et risquer de se noyer...

PAUL, *s'approchant pour prendre la main de son père.* Père !..

PIERRE, *le repoussant.* Il s'agit du service... Appelez-moi lieutenant, monsieur, et éloignez-vous...

PAUL, *avec fermeté.* Eh bien ! lieutenant, c'est vrai... j'allais m'absenter... j'ai tort... qu'on me punisse...

PIERRE. Oui, sans doute, monsieur... (*Appelant.*) Maître Bouquin !

BOUQUIN, *entrant.* Lieutenant, qu'est-ce que c'est ?

PIERRE *s'arrête en regardant son fils ; puis donnant à Bouquin une longue-vue qu'il a à la main.* Portez cela au capitaine, et priez le lieutenant Bidot de me remplacer un moment. (*Bouquin disparaît. — S'approchant vivement de son fils.*) Où alliez-vous, monsieur ?.. où alliez-vous ? je veux le savoir !..

PAUL, *fièrement.* Lieutenant, ma vie militaire vous appartient... ma vie privée ne regarde que mon père...

PIERRE, *s'adoucissant.* Eh bien ! Paul... eh bien ! mon fils ?..

PAUL. Ah ! c'est différent : je vais tout te dire, à toi seul... à toi... (*Câlinant.*) Vois-tu, père... je suis amoureux !..

PIERRE. Amoureux !.. toi aussi !..

PAUL. Oh ! mais... tout de bon !..

PIERRE. Comme notre chirurgien-major ; ça va gagner tout l'équipage... Et encore cette jeune fille de la rue du Mail, n'est-ce pas ? cette Alice, dont vous me rompez la tête ?..

PAUL. Eh bien ! oui... j'allais la voir.

PIERRE. Rue du Mail ?

PAUL. Du tout : elle est ici.

PIERRE. Ici ?..

PAUL. Je l'espère, du moins... là-bas, du côté de ce bois d'orangers, j'ai cru reconnaître... et j'allais m'assurer...

PIERRE. Une lieue à la nage, pour entrevoir une jeune fille !.. qui est bien tranquille, à Paris, et qui ne songe pas à lui... Vous n'irez point à terre, monsieur !..

PAUL. Comment?

PIERRE, *appuyant*. Vous n'irez point à terre !..

PAUL, *entre ses dents*. Quel despotisme ! J'en suis fâché, mais j'irai...

PIERRE. Hum !.. Vous oseriez...

PAUL. J'en ai peur.

PIERRE, *s'emportant*. Malgré l'ordre de vos supérieurs ?..

PAUL. Malgré l'ordre de mes supérieurs !

PIERRE. Celui de votre père ?

PAUL, *hésitant*. Mais !..

PIERRE, *réprimant un mouvement de fureur*. Morbleu !.. (*Froidement.*) C'est bien : vous garderez les arrêts forcés dans ma chambre, monsieur. Allez-y sur-le-champ, et songez que je suis encore le seul commandant du bord... Voici le capitaine... Sortez !

PAUL, *en sortant*. Chien de métier ! Oh ! je trouverai quelque moyen de manger la consigne.

Il sort par la droite tandis que les officiers entrent par la gauche, et se rangent des deux côtés pour recevoir le capitaine.

SCÈNE VI.

PIERRE, GARNIER, BIDOT, CABILLOT, Aspirans, Officiers, Matelots, *puis* FROMONT.

CHŒUR.

Air : *Fragment de Fra Diavolo.*

Au bruit de la vague écumante,
Aux cris de nos marins joyeux,
Après une si longue attente,
Enfin nous vous offrons nos vœux,
Sans redouter l'orage,
Affrontant le carnage !
Votre brave équipage,
En tous lieux,
Suivra le courage
De son chef glorieux.

Au bruit de la vague écumante, etc.

A la fin de ce chœur, Fromont, en uniforme, raide, boutonné et le chapeau sur les yeux, paraît à la porte à gauche, descend l'escalier ; il glisse à la dernière marche, et s'accroche au câble qui sert de rampe.

TOUS, *le voyant trébucher*. Capitaine !..

FROMONT. Ne faites pas attention, messieurs. (*A part.*) Si je commence par me casser le cou, ça ne sera pas long... (*Il regarde autour de lui.* L'état-major est en demi-cercle, et se tient à une distance respectueuse du capitaine*. — *A part, et poussant un gros soupir.*) Me voilà dedans !.. Ma diable de femme n'en a pas eu le démenti.

* Cabillot, Garnier, Paul, Bidot, Melval, Fromont.

GARNIER, *bas aux officiers*. Il observe la tenue...

FROMONT, *à part*. J'ai tant crié, cependant, qu'elle m'a bien juré qu'elle me ferait entrer dans une partie plus à ma portée : l'octroi ou les droits réunis : c'est en terre ferme au moins ; mais, jusqu'à ce qu'il y ait une vacance, il faut faire mon temps de galère !.. Enfin, puisque nous avons la paix, et qu'on ne se bat plus... (*Voyant qu'on l'observe.*) Hum !.. (*Haut et regardant la chambre.*) C'est fort gentiment arrangé tout ça ; on a parfaitement tiré parti des localités.

PIERRE. Capitaine, je vais vous présenter vos officiers.

FROMONT. Oui, oui, présentez-moi mes officiers... ça me fera plaisir. (*A part.*) J'ai une peur de faire quelque bêtise... Heureusement... (*Tirant un livre de sa poche.*) J'ai trouvé, dans les papiers de mon père, un almanach de marine de 1730 ; ça me guidera ; il ne doit pas y avoir eu de grands changemens.

PIERRE, *lui présentant Bidot*. M. Bidot, lieutenant en second.

FROMONT, *saluant*. M. Bidot ! certainement... il porte bien ça sur sa figure.

PIERRE, *présentant un jeune homme*. M. Melval, enseigne.

FROMONT. Enseigne ! (*A part, regardant son livret.*) Allons, je n'ai pas pris mes lunettes, me voilà bien avancé. Qu'est-ce que c'est qu'enseigne ? (*S'approchant de Melval.*) Enseigne !.. diable ! jeune homme, je suis bien sûr qu'à votre âge je ne l'étais pas, moi.

PIERRE, *présentant Garnier*. M. Garnier, chirurgien-major de la *Salamandre*.

FROMONT, *lui secouant la main*. Ah ! ah ! docteur... enchanté. J'espère que nous ne ferons pas connaissance avec vos petits ustensiles.

GARNIER, *riant*. Ma foi, commandant, j'ai cru tout-à-l'heure que nous allions commencer par-là.

FROMONT, *riant et regardant l'échelle au fond*. Le fait est que j'ai débuté par une drôle de glissade.

GARNIER, *riant plus fort*. Si drôle... que, sans le respect... j'en aurais ri...

FROMONT, *riant plus fort*. Comme un bossu... Ne vous gênez pas, docteur, riez, j'aime qu'on soit gai... (*Lui frappant sur le ventre.*) Ah ! ah ! ah !.. gros papa...

GARNIER, *aux officiers*. C'est un bon enfant.

PIERRE, *en présentant un autre*. M. Cabillot, agent comptable.

FROMONT, *à part*. Agent comptable...

c'est celui qui paie. (*Haut, allant à lui.*) M. Cabillot... enchanté... (*Lui présentant sa tabatière.*) Prenez donc, c'est du bon : je le fais moi-même... (*Mouvement de surprise de Cabillot.—Fromont se reprenant.*) C'est-à-dire, je l'arrange moi-même... (*Haut, et se tournant vers les officiers.*) Eh bien! messieurs, je suis très-satisfait, je vois que nous nous entendrons parfaitement : moi d'abord je suis disposé à vous regarder tous comme mes enfans; je n'en ai jamais eu, ainsi ça se trouve bien ; vous m'aiderez de vos conseils...

TOUS. Ah! capitaine...

FROMONT. Non, non, messieurs, je ne suis pas de ces gens qui viennent : ta, ta, ta, ta, (*faisant de grands bras*) qui croient tout savoir... Ce que je sais le mieux, moi, comme disait un grand homme... je ne sais pas lequel : c'est que je ne sais rien... ainsi, vivons en paix, en bons amis, en bons camarades, ne soyons pas trop exigeans les uns pour les autres, et fermons les yeux sur bien des petites choses...

TOUS. Bravo, capitaine!..

FROMONT, *à part, enchanté.* Ça marche tout seul!.. et je crois, au fait, que je m'en tirerai.

PIERRE. Capitaine, l'équipage espère que vous voudrez bien commander les manœuvres.

FROMONT. Hein! que je commande les manœuvres... (*A part.*) Ah! bien non, je ne m'en tirerai pas.

PIERRE. * Si vous voulez monter sur le pont?

FROMONT, *à part.* Voilà le diable... je me doutais bien que je n'irais pas loin.

PIERRE, *à l'état major.* Allons, messieurs!

FROMONT. Un moment! un moment!.. (*A part.*) Si je m'en mêle, ils vont me voir barboter comme un canard.

PIERRE. Nous attendons, capitaine...

FROMONT, *avec humeur.* Pardi, moi aussi j'attends!.. (*A part.*) J'attends qu'il me vienne une idée!.. Ma foi, j'aime mieux jouer mon sort à croix ou pile et me confier... (*Regardant Pierre.*) Celui-ci a l'air d'un brave homme. (*Haut.*) Lieutenant, je désire vous parler en particulier.

PIERRE. A vos ordres, commandant, aussitôt après la manœuvre.

FROMONT. Non, avant la manœuvre!.. j'ai mes raisons!

PIERRE. Mais permettez... l'usage.

FROMONT, *avec autorité.* L'usage, monsieur, est que l'on obéisse à son capitaine.

* Fromont, Pierre.

(*Otant son chapeau.*) Suis-je votre capitaine, oui ou non?

PIERRE. Ah! pardon!

Il fait signe de s'éloigner.

GARNIER, *bas aux autres.* Tudieu! un compère qui a du toupet! il faudra marcher droit!

CHŒUR.
Air des *Carabiniers.*

Ah! pour nous quelle heureuse aubaine!
Quel jour d'ivresse et de bonheur!
De notre nouveau capitaine
Chantons la gloire et la valeur.

Ils sortent tous par la porte à gauche de l'acteur.

SCÈNE VII.
FROMONT, PIERRE.

FROMONT. Je vous demande pardon, lieutenant, de vous avoir parlé un peu durement.

PIERRE. Il n'y a pas de mal, capitaine.

FROMONT, *lui prenant la main.* Si fait! et je veux que vous me donniez la main en ami; j'ai bien un autre chapelet à vous défiler; et d'abord, je vous demanderai la permission de déboutonner ce diable d'uniforme qui m'étouffe, et que je n'aurais jamais dû mettre.

PIERRE, *étonné.* Que voulez-vous dire?

FROMONT, *avec un gros soupir.* Que je ne suis pas plus marin que les tours de Notre-Dame, puisqu'il faut lâcher le grand mot!.. que je n'y entends rien, et que c'est une horreur de m'avoir envoyé ici!

PIERRE. Comment! vous n'êtes pas le capitaine que nous attendons?

FROMONT. Si fait!

PIERRE. Marquis de Longetour?

FROMONT. Mon Dieu oui, marquis et marchand de tabac.

PIERRE, *étonné.* Marchand de tabac!

FROMONT. Je puis dire le plus infortuné des marquis, et le plus déplorable des marchands de tabac.

PIERRE. Si je comprends...

FROMONT. Pardi!.. je n'y comprends rien moi-même!.. tout ce que je puis vous dire, c'est que mon père et mon grand-père étaient capitaines de vaisseau, de toute éternité, de mâle en mâle, par ordre de primogéniture!.. Dans le boulvaris, je m'étais jeté dans les tabacs, qui m'avaient reçu à bras ouverts!.. mais voilà que les autres, rentrant dans le bien de leurs pères... on a dit : Il faut que tout le monde y rentre! Ainsi, une supposition... votre père était colonel... voilà votre régiment; votre père était grand-maître de la garde-robe... voilà votre garde-robe; capitaine de vaisseau... voilà votre vaisseau, et ainsi de suite.

PIERRE, *sévèrement.* Quoi, monsieur, sans être capable de conduire de braves gens, vous avez demandé...

FROMONT. Mais du tout... vous ne comprenez pas que c'est ma femme, ma divine Angélique, un démon, qui a sollicité, intrigué, qui m'a empêché d'arriver jusqu'au ministre, qui a vendu mon débit de tabac; de manière que je ne sais plus où reposer ma tête, et que si je n'avais pas voulu partir, elle m'aurait fait conduire en pleine mer par la gendarmerie.

PIERRE. Tu Dieu! quelle commère!

Air : *Je n'ai point vu ces bosquets.*

Mais, entre nous, il me paraît,
Au doux récit que vous m'en faites..
Que votre femme porterait
Bien mieux que vous les épaulettes.

FROMONT.

Oui, j'en conviens, en toute humilité,
Car voyez-vous, malgré ses papillottes,
C'est, je vous dois la vérité,
Elle, dans la communauté,
Qui porte déjà les culottes!

PIERRE, *vivement.* Mais enfin, que voulez-vous?

FROMONT. Que vous me gardiez le secret, jusqu'à ce que j'aie une autre place.

PIERRE. Y pensez-vous, monsieur? jouer la vie et l'honneur d'un équipage... savez-vous bien que, pour un marin, son navire, son pavillon, c'est sa vie, son existence, et qu'il meurt plutôt que d'y souffrir une seule tache.

FROMONT, *désolé.* Et que voulez-vous que je devienne?

PIERRE. Retournez à Paris.

FROMONT. Auprès de ma femme?.. j'aime mieux me jeter à l'eau.

PIERRE, *élevant la voix.* Comment?

FROMONT, *id.* Arrangez-vous!.. je m'en lave les mains! mais si vous me refusez, je me jette à l'eau... ça vous regarde, d'abord!

SCÈNE VIII.
PAUL, FROMONT, PIERRE.

PAUL, *accourant au bruit.* Qu'y a-t-il donc, père?

FROMONT, *le reconnaissant.* Tiens! le petit aspirant!

PAUL. Que vois-je! M. Fromont! est-il possible!

Il court dans ses bras.

PIERRE. M. Fromont! comment, celui qui t'a sauvé l'honneur? qui t'a prêté...

PAUL. Lui-même.

FROMONT. Quelle rencontre!

PIERRE, *lui sautant au cou.* Quoi! monsieur, c'est vous qui avez sauvé l'honneur à mon fils?

FROMONT. Votre fils! c'est donc vous qui êtes le père? Mais sans doute, je l'ai fait avec plaisir... c'est un joli garçon; et c'eût été dommage qu'il se fût brûlé la cervelle... Mais voyons, mon bon lieutenant, puisque nous sommes en pays de connaissance... service pour service, je vous ai rendu votre fils, que diable! ne me rendez pas ma femme.

PIERRE, *lui serrant la main.* Monsieur, je vous écrivais, il n'y a qu'un instant que ma vie était à vous; je ne m'en dédis pas! je me tairai, vous resterez, jusqu'à ce que vous ayez un autre emploi.

FROMONT. Ah! voilà parler.

PIERRE. Mais vous allez écrire au ministre aujourd'hui même; vous avouerez tout!.. vous solliciterez un changement qu'il serait fâcheux de laisser provoquer par un scandale : jusque là, point de danger... je pense que nous ne sortirons point du port, et je redoublerai de soins et d'efforts pour que personne ne puisse soupçonner la vérité. (*A lui-même et à mi-voix.*) Car, après tout, le ridicule retomberait sur nous-mêmes... des marins de la vieille garde commandés par un marchand de tabac. (*Haut.*) C'est mon premier mensonge, au moins, mais n'importe!

Air : *Les Russes m'ont rendu visite.*

Je vous dois trop pour hésiter encore,
Pour notre honneur même c'est un devoir!
Je veux ici que tout le monde honore
Votre titre et votre pouvoir!
Et s'il me faut, dans cet espoir,
Donner les jours qui durant le voyage
Peuvent encore m'être comptés...
Je le ferai, pour que tout l'équipage
Respecte au moins l'habit que vous portez!

PAUL, *étonné.* Comment, c'est monsieur qui est notre capitaine?

PIERRE. Paul, sur ta tête! pas un mot sur tout cela. (*A Fromont.*) Vous, monsieur, ne me contrariez jamais.

FROMONT, *d'un air soumis.* Non, mon lieutenant.

PAUL. C'est indispensable.

PIERRE. Quand vous serez embarrassé, faites semblant de me dire deux mots à l'oreille; j'aurai l'air de faire exécuter vos ordres.

FROMONT. Oui, mon lieutenant, je vous commanderai tout ce que vous m'ordonnerez.

PIERRE. Pour commencer, et selon l'usage, vous allez donner un punch, pour votre bien-venue.

PAUL. C'est indispensable.

FROMONT, *à part.* Deux, si vous voulez, mon aspirant.

PIERRE. A onze heures, je me rendrai dans votre chambre.

FROMONT, *tranquillement.* C'est inutile, je me couche tous les soirs à dix heures précises; je vais même montrer à faire ma couverture, parce qu'il faut que j'aie la tête très haute.

PIERRE, *souriant.* Pas aujourd'hui; vous ne dormirez pas.

FROMONT, *se récriant.* Je ne dormirais pas?..

PAUL. C'est indispensable!

PIERRE. Vous passerez la nuit à me répéter les différens commandemens que je vous montrerai...

FROMONT. Mais je dormirai tout debout!

PIERRE. Je vous en empêcherai bien.

FROMONT. Je serai malade!

PIERRE. Le docteur est ici....

FROMONT. Mais...

PIERRE, *d'un ton ferme.* Ah! pas d'observation! je suis un peu dur, même pour mes amis; je vous en préviens, il faut m'obéir, capitaine.

FROMONT, *d'un air piteux.* Oui, mon lieutenant!.. (*A part.*) Ah! ça, c'est une autre Angélique que je vais avoir là à mes côtés...

PIERRE. Quelqu'un! Silence!..

Il prend une attitude respectueuse près de Fromont.

SCENE IX.
Les Mêmes, GARNIER*.

GARNIER. Pardon, capitaine, je vous dérange peut-être?

FROMONT, *consultant Pierre des yeux et suivant ses signes.* Moi?... Dam!.. demandez au lieutenant.

GARNIER. C'est que j'avais engagé des dames...

FROMONT, *souriant.* Ah! des dames!..

Il reprend son sérieux sur un signe de Pierre.

GARNIER. A visiter le bâtiment; elles sont arrivées; elles ont déjà vu le cabestan, le pont, les batteries : si vous le permettez, je leur montrerai la chambre du conseil... l'entrepont....

FROMONT, *suivant le signe de Pierre.* Montrez-leur tout ce que vous voudrez, docteur, pourvu que vous me montriez ma chambre.

PIERRE, *lui indiquant la porte au fond à droite du théâtre.* Par là, capitaine.

FROMONT. Que je puisse respirer, et me dessangler un peu... Ouf!.. (*A part.*) je suis en eau... (*Entrant dans sa chambre.*) Mais en voilà une fière de passée.

* Fromont, Paul, Pierre, Garnier.

GARNIER, *le regardant sortir.* J'en suis toujours pour ce que j'en ai dit... le commandant a une drôle de tournure. (*Il remonte l'escalier comme pour offrir la main aux dames.*) Par ici, mesdames!

SCENE X.
PAUL, PIERRE.

PIERRE. Ah! ça, Paul, nous allons avoir de l'occupation : tu sens qu'il n'est plus question d'arrêts; mais promets-moi de ne pas aller à terre.

PAUL, *hésitant.* Te promettre!

PIERRE. Comment, monsieur, vous ne pouvez pas me donner votre parole?

PAUL *à part et apercevant Alice qui descend l'escalier.* Que vois-je... Alice!.. (*A son père, et lui serrant la main.*) Je te le promets, père, je ne quitterai pas mon bord!

PIERRE, *satisfait.* Allons donc! (*A part.*) On en fait tout ce qu'on veut!

SCENE XI.
PIERRE, PAUL, GARNIER, ALICE, CÉLESTE, GARNIER *donnant la main à Alice.*

GARNIER, *à Alice*.* N'ayez pas peur, mon enfant!..

PAUL, *à part.* C'est bien elle!

CÉLESTE, *reconnaissant Paul.* Oh! par exemple!

ALICE. Quoi donc?..

GARNIER, *inquiet.* Qu'est-ce que c'est?

CÉLESTE, *interdite.* Rien! c'est que je m'ai heurtée.... c'est comme des portes d'poulailler, ici!..

ALICE, *voyant Paul, qui de loin lui montre sa petite croix qu'il tire de son sein.* C'est lui! Oh! comme le cœur me bat!

GARNIER, *à Pierre, en faisant passer Alice auprès de lui.* Cher ami, je te présente mademoiselle Alice de Blène, ma future..

PAUL, *frappé.* Sa future!

PIERRE, *de même.* Alice!.. (*Il voit qu'elle baisse les yeux. A part, en regardant son fils.*) Ah!.. Ah!.. je comprends maintenant... pourquoi on m'obéissait si facilement!

PAUL, *à part.* Elle l'épouse! elle a pu consentir!.. Quelle indignité!..

GARNIER. Elle avait une impatience de te connaître! elle me parlait si souvent de toi, de ton fils...

ALICE, *émue.* Monsieur!

PIERRE, *avec ironie.* Ah!.. de mon fils aussi?

GARNIER. C'est tout simple, elle sait que vous êtes mes meilleurs amis...

* Paul, Pierre, Garnier, Alice, Céleste.

Le Capitaine de vaisseau. 2.

PIERRE, *à part.* Pauvre docteur!.. et c'est lui qui l'amène! (*Bas à Paul.*) Je devine tout, monsieur; mais Garnier est un homme estimable, et je ne souffrirai pas qu'il devienne le jouet de personne. Je vous défends de remettre le pied dans cette chambre tant que ces dames y seront...

PAUL, *voulant sortir.* Oh! soyez tranquille, je n'ai pas envie d'y revenir!..

GARNIER, *l'arrêtant.* Eh bien! où vas-tu donc?..

PIERRE. Je lui ai donné un ordre!..

GARNIER. Un moment... il n'a pas dit un mot à ma prétendue... lui qui doit être mon premier garçon de noce. (*Poussant Paul près d'Alice.*) Allons donc, mon petit Paul, il ne faut pas être timide avec les dames.

PIERRE, *à part.* Et c'est lui qui le pousse... c'est toujours comme ça.

PAUL, *avec dépit.* Certainement; je vous fais mon compliment, docteur, ainsi qu'à mademoiselle qui me paraît bien digne, par ses qualités, sa constance, (*Frappant du pied.*) de faire le bonheur... et je puis dire que je partage votre satisfaction... votre joie.

CÉLESTE, *à part.* C'est ça que la joie l'étouffe.

ALICE, *à part.* Et ne pouvoir lui expliquer... Ah! mon dieu! que je souffre!

UNE VOIX, *en dehors.* L'état-major sur le pont.

BOUQUIN, *répétant en dehors.* L'état-major sur le pont.

GARNIER. C'est pour l'inspection. Attendez-moi ici, mon enfant. Eh! parbleu! mon petit Paul, fais-moi l'amitié de tenir compagnie à ma femme.

PAUL. Sa femme!

PIERRE, *vivement et prenant son fils par la main.* Non pas, non pas; j'ai besoin de lui là-haut.

ALICE et CÉLESTE
Air: *Du Pas des folies.* (De Gustave.)

Pour $\genfrac{}{}{0pt}{}{moi}{eux}$ grand Dieu! quelle souffrance!
Que faire, hélas! pour dissiper son erreur?
Il faut encor garder le silence.
Quand il $\genfrac{}{}{0pt}{}{m'accuse}{l'accuse}$ et détruit tout $\genfrac{}{}{0pt}{}{mon}{son}$ bonheur.

PAUL.
Pour moi, grand Dieu, ah! quelle souffrance!
Quoi! pour jamais me condamner au malheur!
Comment, hélas! garder le silence?
Quand je frémis de dépit et de fureur?

GARNIER.
Quel jour heureux! ah! je sens d'avance
Que sa tendresse enchaîne déjà mon cœur;
Oui, d'être aimé la seule espérance
Vient m'enivrer et d'amour et de bonheur.

Pierre, Alice, Paul, Garnier, Céleste.

PIERRE.
Pauvres enfans! moi je sens d'avance
Que nous devons, pour assurer leur bonheur,
Détruire ici leur folle espérance,
Et les guérir en mariant le docteur.

GARNIER.
Qu'elle est belle!
PAUL, *à part.*
L'infidèle!
PIERRE, *bas à Paul.*
Fuis loin d'elle.
ALICE.
Je le hais.
PAUL et ALICE, *ensemble.*
Cœur volage!
Cet outrage
Me dégage
Pour jamais.

Reprise de l'ensemble.

ALICE et CÉLESTE.
Pour $\genfrac{}{}{0pt}{}{moi}{eux}$ grand Dieu! ah! quelle souffrance! etc.

PAUL.
Pour moi, grand Dieu! etc.
GARNIER.
Quel jour heureux! etc.
PIERRE.
Pauvres enfans, etc.

Pierre, Paul et Garnier sortent par la porte à gauche.

SCÈNE XII.
CÉLESTE, ALICE.

CÉLESTE. Ah! bien! quels yeux il nous fait le petit aspirant! au lieu de nous sauter au cou.

ALICE, *allant à la porte par où Paul est sorti, et le regardant s'éloigner.* J'en étais sûre... c'est qu'il me croit coupable; et je n'ai pu lui dire un mot... le désabuser... Après tout, devrais-je en avoir besoin? s'il m'aimait réellement, son cœur n'aurait-il pas dû me défendre... me justifier!..

CÉLESTE. Oh! pardi! ces hommes... ils sont d'une injustice... ils ne vous voient pas plus tôt mariées à un autre... qu'ils s'imaginent tout de suite... Ça me rappelle ce pauvre M. Fromont... rue du Mail...

ALICE, *avec dépit.* Eh bien! je l'oublierai à mon tour; j'épouserai le docteur. (*Essuyant une larme.*) Je serai très heureuse.

CÉLESTE. Oui, et vous mourrez de consomption.

ALICE. Tu vois bien qu'il ne cherche pas même une explication; qu'il me fuit, qu'il m'évite... et je pourrais encore l'aimer!..

Ici, on voit Paul qui se laisse glisser le long du câble qui flotte à l'arrière du navire au niveau de la croisée.

CÉLESTE, *l'apercevant.* Ah!..

ALICE. Qu'est-ce donc?

CÉLESTE, *bas.* Le v'là!.. le v'là, mamselle!.. ne faites semblant de rien... Oh! le petit sapajou, est-il adroit!..

SCÈNE XIII
Les Mêmes, PAUL *en dehors et suspendu au câble.*

ALICE, *effrayée.* Mon Dieu!.. il va tomber!..

CÉLESTE. Bah! les amoureux, ça ne tombe jamais! (*A Paul.*) Vous v'là enfin, monsieur, vous osez nous regarder en face...

PAUL, *froidement.* Moi? du tout; je visite l'extérieur du bâtiment, comme c'est mon devoir.

CÉLESTE, *allant à Alice.* Oh! que c'est fin!..

PAUL, *à part.* C'est égal, j'ai renvoyé leur canot... les voilà obligées de rester ici toute la journée, et il faudra bien qu'elle me parle.

CÉLESTE, *à Paul.* Allons! entrez donc, mauvaise tête!..

PAUL. Non... j'ai promis à mon père de ne pas mettre le pied dans cette chambre: d'ailleurs, je n'ai rien à y faire..

ALICE, *à part.* Quel air dédaigneux!..

CÉLESTE, *d'Alice.* Dites-lui donc un petit mot...

ALICE, *offensée.* Jamais!..

CÉLESTE, *à Paul.* C'est que vous ne savez pas que mamzelle...

PAUL. Je n'écoute rien...

CÉLESTE, *à elle-même.* Bon moyen de s'entendre; mais moi, qui ne vous ai pas trahi...

PAUL, *vivement.* Oh! toi, Céleste... c'est différent, je t'aime beaucoup, je t'écoute!

CÉLESTE. Vous êtes bien bon! Pour lors, voilà l'événement, vous croyez que nous allons épouser le chirurgien, parce que nous sommes des jeunes personnes bien élevées qui ne pouvons pas dire à un homme en face : Monsieur, vous êtes bien gentil, mais vous nous êtes insupportable..

PAUL. Il fallait le détromper.

ALICE, *à Céleste, sans s'adresser à Paul.* Un ancien ami de mon père!.. n'ai-je pas fait tout ce que j'ai pu?..

CÉLESTE, *à Paul.* C'est vrai! ces vieux ont l'oreille dure, ils ne veulent rien comprendre; mais, la preuve que nous sommes innocentes, c'est que nous lui avons écrit une belle lettre de refus... qu'il trouvera en retournant à terre.

PAUL. Est-il possible?.. quoi, chère Alice!..

ALICE, *essuyant une larme.* Que m'importe, monsieur; j'espère bien qu'il ne la recevra pas cette lettre, que j'arriverai à temps pour la reprendre; car maintenant je l'aime, je l'aime beaucoup! Oui, monsieur...

PAUL, *vivement.* Ah! pardon! pardon! c'est moi seul qui suis coupable; j'ai pu soupçonner... (*Tendant le bras vers elle.*) Alice, votre main...

CÉLESTE, *la faisant passer de son côté.* Allons! donnez-lui votre main.

ALICE. Moi! après une pareille injustice!.. j'aimerais mieux mourir. (*Elle voit Paul qui lâche le câble d'une main, comme s'il allait tomber.*) Ah!.. Elle se précipite pour le retenir, en lui tendant la main, qu'il saisit et couvre de baisers.

PAUL. Alice!..

CÉLESTE. Allons donc... on a bien de la peine... Sont-ils heureux... ça me rappelle ce pauvre M. Fromont, rue du Mail. (*Elle va regarder à la porte de droite, comme pour faire sentinelle.*) Mais prenons garde qu'on ne les surprenne.

Elle entre un moment dans la petite chambre à gauche.

SCÈNE XIV.
Les Mêmes, FROMONT, *sortant de la gauche et descendant le petit escalier.*

FROMONT, *à lui-même.* Je voulais demander au lieutenant... (*Il aperçoit Paul assis sur la croisée et causant avec Alice.*) Oh! oh! notre jeune aspirant qui fait un cours de navigation... (*Il s'approche tout doucement et reconnaît Alice.*) Ouf! la jeune personne de Paris!.. si elle me reconnaissait!.. ne nous montrons pas... (*Il s'éloigne, et se trouve à deux pas de Céleste, qui sort de la chambre à droite.*) Et Céleste! il ne me manquait plus que ça... Tâchons de nous esquiver adroitement.

En se sauvant à pas de loup, il rencontre Céleste au moment où elle se retourne pour redescendre en scène; il se cache la figure, la fait pirouetter sur elle-même et rentre chez lui.

CÉLESTE, *tournant.* Eh bien! eh bien!

ALICE et PAUL. Qu'as-tu donc?

CÉLESTE, *troublée.* Un homme qui nous épiait...

ALICE. Un homme!..

PAUL. Par où est-il entré?

CÉLESTE. Je n'en sais rien...

PAUL. Par où est-il sorti?

CÉLESTE. Par ici... mais la porte est fermée.

ALICE, *très émue.* Ah! sans doute, M. Garnier!.. c'est fait de moi..

CÉLESTE, *la soutenant.* Allons!.. elle s'évanouit... Mamzelle!

PAUL, *s'élançant et entrant en scène.* O ciel! (*Courant à elle.*) Alice!

CÉLESTE. Non... non.. ce n'est rien...

Vite une chaise... soutenez-la... Ah! mon Dieu! si quelqu'un venait! (*On frappe; ils restent immobiles.*) Chut!

GARNIER, *en dehors, frappant à la porte d'gauche.* Eh bien! cette porte est fermée?

TOUS, *à mi-voix.* Le docteur!

CÉLESTE, *bas.* N'ayez pas peur, j'ai mis le verrou.

ALICE. Quelle imprudence!

On frappe plus fort.

PAUL, *bas.* Eh vite! dans la soute aux biscuits! je vous ferai sortir dès qu'il n'y sera plus.

Elles se cachent toutes deux dans le cabinet, dont la porte est sur le premier plan à droite du théâtre.

SCENE XV.
PAUL, GARNIER, ALICE et CÉLESTE *cachées.*

Paul va ouvrir la porte à gauche, et de suite il va à la table et se met à travailler sur une carte marine.

GARNIER. Comment?.. tu es seul?

PAUL. Oui, j'étais là... à mesurer mes distances...

Il pique sa carte.

GARNIER. Pourquoi t'enfermer?

PAUL. Pour ne pas être dérangé.

GARNIER. Et ces dames, où sont-elles?

PAUL, *tranquillement.* Ces dames? elles sont parties.

GARNIER. Parties!..

PAUL. Oh! il y a long-temps...

GARNIER. Ce n'est pas possible! je venais justement les chercher parce que le capitaine a donné l'ordre de renvoyer à terre tous les étrangers!

PAUL. Il faut qu'elles aient deviné cela... (*Lui montrant la fenêtre.*) Tenez!.. voyez-vous leur chaloupe... là bas... dans la vapeur?..

GARNIER, *regardant.* Hein!.. En effet... je crois voir... (*Ici Alice et Céleste entr'ouvrent la porte.*) C'est-à-dire, c'est si loin, que je ne peux pas distinguer.

PAUL. Eh bien... c'est ça.

GARNIER. C'est un tour indigne que me joue le capitaine...

PAUL. Un tour infâme!

GARNIER. J'irai les rejoindre!..

PAUL, *vivement, et faisant signe à Céleste de refermer sa porte.* Je vous le conseille.

GARNIER. Je ne peux pas... il faut d'abord que j'assiste au punch qu'il donne à tout l'état-major...

PAUL. Un punch!..

GARNIER. Ici, dans la chambre du conseil... nous sommes tous invités...Hé parbleu! voici déjà nos officiers.

Il va au devant d'eux.

PAUL, *à part.* Ah mon Dieu!.. les voilà bloquées...

ALICE, *paraissant à la petite porte.* Qu'allons-nous devenir?..

PAUL, *repoussant la porte.* Ne vous montrez pas...

CÉLESTE, *rouvrant la porte et se montrant.* Est-ce que nous allons rester là jusqu'à demain?..

PAUL, *la repoussant encore.* Silence!..

Il se tient toujours contre cette porte pendant la scène suivante.

SCENE XVI.
Les Mêmes, OFFICIERS, ASPIRANS, MATELOTS, *portant des bols de punch allumés, puis* **FROMONT** *en robe de chambre et en casquette.*

CHŒUR GÉNÉRAL.
Air *de la Mansarde du Pré-aux-Clercs.*

Au rendez-vous que notre chef nous donne,
Jamais d'absent; dès que le signal sonne,
Avec ardeur on nous voit accourir
Pour le combat ou bien pour le plaisir!..

LES OFFICIERS.

Du punch fumant déjà la flamme enivrante
À nos regards...
Vient briller de toutes parts...,
Le feu divin de cette liqueur brûlante,
Comme un éclair,
Se réfléchit dans la mer.

LES OFFICIERS *et* LES ASPIRANS.

Loin d'un ami, loin de sa belle,
Avec le punch point de chagrin!..
Car c'est le compagnon fidèle
Et du soldat et du marin...

On emplit les verres.

CHŒUR GÉNÉRAL.

Au rendez-vous que notre chef nous donne, etc.

Fromont entre par la porte à droite; tout le monde, en le voyant, s'écrie: Ah! voilà notre capitaine,

FROMONT, *avec gaîté.* Me voilà! me voilà!.. Ah! ça, on se met à son aise, n'est-ce pas, messieurs... entre camarades?.. (*À part, et regardant de tous côtés.*) Elles sont parties... à merveille.

GARNIER, *bas aux officiers.* A-t-on jamais vu!.. un capitaine en pet-en-l'air!..

BIDOT, *présentant un verre plein à Fromont.* Allons, capitaine, à la santé du commandant!..

TOUS, *élevant leurs verres.* À la santé du commandant!..

FROMONT, *armé d'un verre.* C'est ça, mes amis... Allons, docteur... allons, mon petit aspirant... (*Le menaçant du doigt.*) Ah! ah! drôle, je sais de vos nouvelles...

Il boit.

PAUL, *intrigué.* Quoi donc, capitaine?..

FROMONT. Rien, rien... suffit... je suis discret... Le punch est délicieux!.. Et le lieutenant, où est-il donc?.. Encore un verre... (*On le lui verse.*—*A part.*) Eh bien! après tout, d'être capitaine de vaisseau, ce n'est pas la mer à boire. (*Il avale son second verre.*) Ah! ça, docteur, nous n'allons pas...

GARNIER, *souriant.* Ah! dam!.. quand on est à la veille de se marier, capitaine, il faut prendre garde...

FROMONT, *un peu échauffé par le punch.* Oui, oui... il faut prendre garde... parce que... (*Regardant Paul.*) Il y a des gaillards!.. C'est tout simple, on est jeune... (*Il boit.*) On rencontre un joli minois... dans un cabriolet... c'est-à-dire... non!.. c'est le cheval qui prend le mords aux dents... et puis on se retrouve... en pleine mer!..

PAUL, *à part.* Que le diable l'emporte!

GARNIER. Qu'est-ce qu'il a donc?.. un cabriolet... en pleine mer!..

PROVENÇAL, *à ses camarades.* Je crois que le commandant commence à battre la breloque.

FROMONT, *s'échauffant et buvant.* Ah! ça... débauche complète!.. nous passons la nuit ici!..

PAUL, *à part.* Ici!..

CÉLESTE, *entr'ouvrant la porte.* Ah! bien, dites donc?..

PAUL, *la cachant.* Chut!..

CÉLESTE, *à mi-voix.* C'est que nous mourons de faim, et vos biscuits sont durs comme des pierres.

PAUL. Tenez, tenez...

Il lui passe du punch et des gâteaux.

FROMONT, *s'animant.* Il faut dire des bêtises, des gaudrioles... Bah! entre hommes!..

TOUS. Ça va!..

PAUL, *à part.* Miséricorde!.. qu'est-ce qu'elles vont entendre.. (*Haut.*) Pardon, capitaine... ça peut faire de la peine au docteur, qui va se marier.

GARNIER. Moi!.. du tout... puisqu'il n'y a pas de femme.

CÉLESTE, *à part.* C'est ça... il n'y a pas de femme!.. pour qui nous prend-il donc?

FROMONT, *buvant.* Je vais vous conter une petite gaillardise.

PROVENÇAL, *à ses camarades.* Fameux luron le capitaine!

FROMONT. Faut vous dire... il y avait une petite Bourguignote... qui était folle de moi... Un jour, elle s'était cachée dans un cabinet, comme qui dirait là...

Montrant la porte où sont cachées les deux femmes.

PAUL, *effrayé.* Ah! mon Dieu!..

FROMONT. Parce qu'il y avait un rival... qui était présent, et qui ne se doutait pas... Vous allez voir.. vous allez rire...

Air : *Bien courte est la vie.*

Ma tendre bergère,
En petit corset,
En robe légère,
En simple bonnet...
Dans cette chambrette,
A minuit sonnant,
Venait en cachette,
Me dire souvent :
Sans le plaisir, les amours,
Qu'ils sont courts
Nos beaux ans nos beaux jours.
Quand je vois court jupon,
Et petit pied mignon;
Ma Suzon, ma Toinon,
Moi j'en perds la raison.

CHŒUR.

Sans le plaisir, les amours,
Qu'ils sont courts,
Nos beaux ans, nos beaux jours.
Quand je vois court jupon,
Et petit pied mignon,
Ma Suzon, ma Toinon,
Moi j'en perds la raison.

CÉLESTE, *à la porte.* Il a une bien belle voix, le capitaine; ça me rappelle ce pauvre M. Fromont, rue du Mail.

TOUS. La suite, capitaine, la suite...

FROMONT. Oui, oui, soyez tranquilles; il y a dix-neuf couplets.

Mon cœur plein d'ivresse,
Soudain prend l'essor;
Sa main que je presse
Me repousse encor;
Puis la tourterelle
Me dit en tremblant :
« Seras-tu fidèle
» A ce doux serment ? »

Si je serai fidèle?.. m'écriai-je en couvrant sa main d'un déluge de baisers de feu... Ah! crois-moi,

Sans le plaisir, les amours,
Qu'ils sont courts
Nos beaux ans, nos beaux jours.
Quand je vois court jupon
Et petit pied mignon,
Ma Suzon, ma Toinon,
Moi j'en perds la raison.

CHŒUR GÉNÉRAL.

Sans les plaisirs, les amours, etc.

Ils boivent tous et dansent sur la ritournelle.

TOUS. La suite, capitaine, la suite.

FROMONT. M'y voici... Pas du tout... le rival arrive... il s'approche du cabinet... Vous allez voir, vous allez rire...

PAUL, *inquiet.* Que va-t-il faire?

FROMONT, *s'approchant doucement de la porte du cabinet en chantant. Le pied lui glisse...*

Un mouvement brusque et violent du navire fait chanceler tout le monde : Fromont tombe à terre.

TOUS, *jetant un cri de surprise.* Ah!

FROMONT, *à terre.* Il est tombé quelque chose là-haut!

SCENE XVII.
Les Mêmes, PIERRE.

FROMONT. Qu'est-ce donc, lieutenant?
PIERRE, *froidement.* Moins que rien... le navire qui vient de prendre le vent...
FROMONT, *se relevant.* Il ne pouvait pas prévenir... Ah! il a pris le vent?
PIERRE, *aux officiers.* Oui, messieurs... le capitaine a voulu vous surprendre.. il avait donné ses ordres... il y a une heure que nous sommes sortis du port... et nous voilà déjà à trois lieues en mer...
FROMONT, *étonné.* A trois lieues... ah!.. et c'est moi!..
ALICE, *bas à la porte.* Comment, nous sommes parties!..
CÉLESTE, *de même.* Je ne veux pas... dites-leur d'arrêter... je veux descendre... (*Voulant élever la voix.*) Cocher, je veux descendre...
PAUL, *les masquant.* Au nom du ciel... taisez-vous..
TOUS, *avec joie.* Vivat!.. en mer!
GARNIER. Parbleu!.. le capitaine est charmant avec ses surprises!.. moi qui allais me marier!.. Que dira ma future? Et où allons-nous?..
FROMONT, *s'oubliant.* Ah!.. oui... où allons-nous?.. *Pierre lui pince le bras.* Oh!..
PIERRE. Aux États-Unis!..
PAUL, *stupéfait.* Aux États-Unis!..
FROMONT. Diable!.. il y a une bonne trotte...
ALICE, *bas à Paul.* Ah! mon Dieu!.. aux États-Unis!..
CÉLESTE, — *id.* Et je n'ai emporté avec moi qu'un mouchoir de poche!..

* Alice, Céleste, *cachées*, Paul, Fromont, Pierre, Garnier.

FROMONT, *bas à Pierre.* Vous m'aviez dit que nous ne sortirions pas du port?..
PIERRE, *bas.* Je l'espérais... mais il n'est arrivé un ordre du ministre par le télégraphe. (*haut.*) Au surplus, messieurs, le capitaine vous réserve un autre plaisir... nous sommes chargés, chemin faisant, de châtier un corsaire barbaresque qui a insulté le pavillon français. Le capitaine a donné ordre de tirer un coup de canon si on l'aperçoit... et... (*On entend un coup de canon.*) Justement... nous lui donnons la chasse!.. Sur le pont, messieurs!..
TOUS, *avec joie.* Sur le pont.
FROMONT, *s'excitant.* Oui!.. tout le monde sur le pont!.. Eh! bien, tant mieux... je ne serai pas fâché de voir un combat, c'est-à-dire de revoir!.. Ce scélérat de punch vous tape...
Pendant ce temps tous les officiers, les aspirans et les matelots se rassemblent.

CHŒUR.
Air : *La trompette guerrière.*

Au combat qui s'apprête,
Marchons, marchons soudain...
Ah! pour nous quelle fête!
Et quel heureux destin!

ALICE, *à part.*
Juste ciel!..

CÉLESTE, *à part.*
J'en mourrai...

PAUL, *bas.*
Calmez votre frayeur;
Pour vous défendre ici, comptez sur ma valeur.

FROMONT.
Vous me verrez toujours au chemin de l'honneur!

CHŒUR.
Au combat qu'on apprête, etc.

Pierre entraîne Fromont. Paul masque toujours la porte et fait signe aux deux femmes de ne pas se montrer.

Fin du premier acte.

ACTE II.

Le théâtre représente le pont de la Salamandre, près de l'arrière. Au milieu, une partie du grand mât, avec les premiers huniers; les cordages, les vergues, les voiles. Des deux côtés, les haubans, les batteries. Près du grand mât, l'escalier qui descend dans l'entrepont; la rampe est censée couper le navire en deux. Rideau d'horizon; pleine mer. Claire de lune.

SCÈNE PREMIÈRE.

CÉLESTE, PAUL, ALICE, *sur le devant.* Au fond, PROVENÇAL, BOUQUIN, GIROMONT, *endormis près des batteries et sur les cordages.*

Au lever du rideau, Paul et Alice sont de côté à gauche du théâtre, appuyés sur des cordages roulés. Céleste est près du grand mât, où Paul a laissé son manteau. La fin de l'entr'acte peint un orage qui se calme; l'orchestre continue en sourdine, et imite le mouvement des flots.

PAUL, ALICE et CÉLESTE.

Air: *Silence, silence!* (Nocturne de Carcassi.)

Silence, silence!
Ah! parlons plus bas;
Que la prudence
Conduise nos pas.

PAUL et ALICE.

Toi que j'adore,
Bannis tout effroi;
Un moment encore
Reste auprès de moi.

TOUS TROIS.

Silence, silence! etc.

CÉLESTE, *regardant du côté de la mer pendant que Paul et Alice causent bas ensemble.* Dieu merci! la nuit et la tempête nous ont fait perdre de vue ce maudit corsaire... On ne s'est pas battu, et nous avons pu sortir de notre cachette... (*Regardant Paul et Alice qui causent à voix basse.*) Si on se douterait que c'est le petit aspirant qui est de quart, comme il dit... Ah! mon dieu! on prendrait le vaisseau et moi à l'abordage qu'il ne s'en apercevrait pas. (*L'appelant.*) Monsieur Paul, monsieur Paul!

PAUL, *sans se déranger.* Que veux-tu?

CÉLESTE. Sommes-nous encore loin des États-Unis?

PAUL. Ah! nous avons à peine marché depuis hier... le vent est contraire.

CÉLESTE. Ah! mon dieu! moi qui ai commencé un savonnage... je ne serai jamais revenue... et puis avec ça (*Se frottant le bras.*) que voilà le froid qui commence à me pincer.

PAUL. Enveloppe-toi de mon manteau, et mets ma casquette.

CÉLESTE, *s'en affublant.* Ce n'est pas de refus.

ALICE, *se levant.* Non, non... nous ferons mieux de rentrer.

PAUL, *la retenant.* Déjà!

ALICE Le jour va bientôt paraître; et si l'on nous surprenait... si ces matelots s'éveillaient... Tenez, il me semble que j'entends marcher.

PAUL. C'est la voile que le vent agite, ou la vague qui se brise.

ALICE, *prêtant l'oreille.* Mais non, vou dis-je... quelqu'un vient... écoutez...

PAUL. En effet.

ALICE, *bas.* Qu'est-ce que je vous disais!

PAUL. Ne bougez pas. (*à Céleste.*) Ni toi non plus.

CÉLESTE, *s'enveloppant du manteau, et baissant la casquette.* Allons, me v'là en sentinelle à présent.

Paul et Alice disparaissent un moment et se glissent du côté gauche du vaisseau.

SCÈNE II.

Les Mêmes, FROMONT.

Il montre d'abord sa tête, et arrive par une écoutille.*

FROMONT, *se croyant seul.* Impossible de fermer l'œil... dans cette diable de petite boite qu'ils appellent un lit... ça vous dandine... ça vous dandine... en haut, en bas... dans tous les sens... et puis des sauts de carpe. On se fait des bosses à la tête!.. O mes paisibles nuits de la rue du Mail, qu'êtes-vous devenues? Là du moins jamais de tempête, point de vent coulis; et ici, il en vient de tous les côtés. Là, avec un bon oreiller sous sa tête, un bon édredon sur ses pieds, on se dorlote, on s'étend... et le matin, quand l'œil encore demi-clos, on entend ce roulement des voitures, ces différens cris... (*Avec attendrissement.*) Il y a des gens qui trouve-

* Fromont, Céleste.

raient ça puéril... de pareils souvenirs... Mais tout ce qui me rappelle mon pauvre Paris m'attendrit malgré moi; et... (*S'essuyant les yeux.*) Enfin, pourvu que l'on n'aperçoive plus ce diable de corsaire!.. c'est qu'hier soir il me semblait que je l'aurais avalé comme un verre de punch!.. et à présent... l'idée d'un boulet dans l'estomac me paraît d'une bêtise amère... (*S'approchant du mât, et apercevant Céleste qui est immobile.*) Oh!.. un aspirant qui est de garde!..

CÉLESTE, *à part.* C'est l'officier qui fait sa ronde...

FROMONT, *à part.* Pourvu qu'il n'aille pas me parler marine.

Il fait un pas pour s'éloigner.

CÉLESTE, *à part.* S'il allait me demander le mot d'ordre...

FROMONT, *s'arrêtant.* Il m'a vu... et le capitaine ne peut pas se dispenser... il faut lui dire quelque chose.

CÉLESTE, *à part.* Dieu! il s'approche... Il va me parler!

FROMONT. Hum! Hum!.. camarade, d'où vient le vent?

CÉLESTE, *troublée.* Dam! regardez-y.

FROMONT, *à part.* C'est juste!.. je dois le savoir!.. Il se moque de moi...

CÉLESTE, *le voyant venir à elle.* J'ai dit une bêtise! J'crois qu'il se met en colère.

Le jour a commencé à paraître.

FROMONT, *d'un air amical.* Ah!.. ça, mon jeune ami... il ne faut pas s'imaginer que j'ignore...

CÉLESTE, *laissant tomber le manteau et la casquette.* Oui, oui... monsieur l'officier, c'était pour rire... ne vous fâchez-pas.

FROMONT, *la reconnaissant.* Que vois-je?

CÉLESTE, *le regardant.* Est-ce que j'ai la berlue?.. M. Fromont!..

FROMONT. Comment, ma pauvre... (*A part et s'arrêtant.*) Oh! qu'est-ce que j'allais faire?

Les matelots commencent à s'éveiller, et se lèvent.

CÉLESTE. Est-il possible, not' maître...

FROMONT, *bas.* Tais-toi!..

CÉLESTE, *sans l'écouter.* J'suis si contente de vous revoir... embrassez-moi donc.

Provençal, Bouquin et Giromont se sont approchés aux éclats de rire de Céleste.

PROVENÇAL. Eh! bien... eh! bien... qu'ès aco? une femme?

TOUS, *avec surprise.* Une femme!

BOUQUIN. Ah! bien, voilà une nouvelle manière de lester un navire.

TOUS, *l'entourant.* Tiens, la petite mère!

FROMONT, *froidement et regardant autour de lui.* Silence!.. Qui est-ce qui a amené ici cette folle?

CÉLESTE, *étourdie.* Cette folle!.. Comment, notr' maître... vous n'me remettez pas... Félicité-Céleste?..

FROMONT, *avec dignité.* Qu'est-ce que c'est?.. qu'est-ce que vous voulez?.. je ne vous connais pas? ma bonne...

CÉLESTE, *hors d'elle.* Ah!.. si on peut dire!.. (*Apercevant Alice qui veut s'esquiver derrière les matelots.*) Mamzelle Alice!..

FROMONT, *à part.* A l'autre à présent.

PROVENÇAL, *et les autres matelots.* Encore une... Ah! ça, il en pleut donc des femmes?

SCÈNE III.

Les Mêmes, PIERRE, GARNIER, Plusieurs Officiers et Aspirans.*

PIERRE. Mais! eh! mais, quel vacarme! que vois-je!

GARNIER. Alice!

PIERRE. Ces dames!

FROMONT, *d'un air étonné.* Qu'est-ce que cela signifie, lieutenant, qu'est-ce que cela veut dire, messieurs? des femmes sur mon bord? qui est-ce qui a osé se permettre?

CÉLESTE, *le regardant.* Ah! mon Dieu! est-ce que ça ne serait pas lui...

PAUL, *à Alice.* Au nom du ciel... pas un mot.

PIERRE, *d'un air respectueux.* Pardon, capitaine, je crois deviner... cela ne mérite pas un châtiment bien sévère... (*Regardant son fils.*) et je soupçonne que l'amour seul a pu décider...

GARNIER, *s'avançant.* L'amour!.. Comment vous croyez que c'est pour me suivre... Pauvre petite!.. ah bien, ma foi... je ne croyais pas être aimé à ce point-là.

ALICE, *à part.* Ah! mon Dieu! qu'est-ce qu'il dit donc?

CÉLESTE, *à part.* Il croit que c'est pour lui.

FROMONT, *à part.* Est-il bon enfant, le chirurgien!

PAUL, *bas à Alice.* Mais détrompez-le donc.

ALICE, *tremblante.* Je n'oserai jamais.

GARNIER, *la figure épanouie.* Pardon, capitaine... mais ma foi, je n'y tiens plus... tant de dévouement, de courage, mérite une récompense... et puisque nous avons un aumônier à bord... je veux qu'on nous marie sur-le-champ!..

TOUS. Bravo!..

PAUL, *bas à Alice.* Dites donc que vous ne voulez pas...

* Céleste, Pierre, Fromont, Garnier, Alice, Paul.

ALICE, *bas.* Je n'oserai jamais...

PAUL, *à part.* Je n'oserai jamais... je n'oserai jamais... C'est comme ça... qu'on laisse faire un malheur!...

GARNIER, *prenant la main d'Alice.* Venez, chère Alice !...

UNE VOIX, *dans les hunes.* Navire !

— Tout le monde reste immobile.

TOUS. Navire !

FROMONT, *étonné.* Qu'est-ce qu'ils demandent là-haut ?

PIERRE, *à Fromont.* Chut! c'est la vigie... (*Haut.*) Où est le navire?

BOUQUIN, *demandant.* Au bossoir de babord ?

LA VOIX. Non; par le bossoir de tribord.

BOUQUIN, *courant regarder le long des bastingages.* A la hauteur des mâts, et à l'envergure, ce doit être notre homme d'hier.

PROVENÇAL, *sautant de joie en regardant.* C'est le corsaire !

Les dames et Paul passent à la droite du vaisseau.

TOUS, *passant à la gauche du vaisseau et regardant.* C'est le corsaire.

Paul et les dames passent à droite.

PIERRE, *à part.* Très bien... il arrive à propos... (*Haut.*) Prévenez les officiers, et qu'on se tienne prêt au premier signal... c'est l'ordre du capitaine.

Les matelots se mettent en mouvement.

FROMONT, *bas à Pierre.* Hein... dites donc... est-ce qu'il y a quelque difficulté?

PIERRE Non c'est ce corsaire d'hier soir, à qui nous allons donner une leçon de politesse. (*Le regardant.*) Eh bien... qu'avez-vous donc capitaine ?.. vous pâlissez ?

FROMONT. Non, non... je sais ce que c'est... ça me prend très souvent ! quand je suis à jeûn.

PIERRE, *bas.* Rappelez-vous bien qu'avant de donner les ordres... je dirai toujours: « Oui commandant ! » Comme si je ne faisais que transmettre les vôtres...

FROMONT, *inquiet.* Mais permettez, je crois qu'il y a une manœuvre toute simple ! si le corsaire est sur notre gauche... il me semble qu'en prenant à main droite...

PIERRE, *élevant la voix.* Oui, commandant... (*A un officier.*) Augmentez votre voilure... l'intention du capitaine est que nous en finissions au plus vite avec cet écumeur de mer.

TOUS. Vive le capitaine !

FROMONT. Bien ! si c'est comme ça que les ministres expriment les sentiments de celui qui gouverne... ça fait du joli!

GARNIER, *à Alice.* Ma chère Alice, il va faire chaud ici... descendez vite à fond de cale, vous pourrez nous être utile, vous ferez de la charpie.

FROMONT, *à part.* De la charpie?.. Ah ça, nous allons donc nous déchirer comme des bêtes féroces ?

TOUS.

Air *des Chevau-Légers.* (du Pré-aux-Clercs.)

Allons, amis, vive la joie,
C'est le corsaire, oui, oui, c'est lui, c'est lui !

PIERRE, *regardant.*

Son pavillon qui se déploie
A nos regards brille aujourd'hui !

ALICE, *tristement et regardant Paul.*

Perdrai-je, hélas! mon seul appui !

CHŒUR, *sur les haubans.*

C'est le corsaire, oui, oui, c'est lui !

PAUL ET ALICE, *bas entre eux.*

Séparons-nous, le sort l'ordonne,
Mais sur mon bras cœur comptez toujours!
Pour protéger ici vos jours !...
Que le ciel veille sur

CHŒUR, *regardant le corsaire.*

Voyez la peur qui le talonne,
A tous les saints il a recours ;
Il appelle en vain sa patronne
A son secours !

ALICE, CÉLESTE.

Moment fatal ! je tremble, hélas !
Et n'ose pas
Faire un seul pas !

PAUL.

Ne tremblez pas.

CHŒUR.

Allons, amis, vive la joie !
C'est le corsaire, oui, oui, c'est lui, c'est lui !
Son pavillon qui se déploie
A nos regards brille aujourd'hui !

Alice et Céleste disparaissent.

SCÈNE IV.

FROMONT, PIERRE, PAUL, GARNIER, PROVENÇAL, BOUQUIN, GIROMONT, OFFICIERS, ASPIRANS, MATELOTS, etc.

FROMONT, *à Pierre.* Ah ça, je voulais dire... (*Bas.*) Dieu du ciel! nous allons verser !

PIERRE, *très haut.* Oui, commandant... (*A un officier.*) Le capitaine trouve que nous allons trop doucement; envoyez larguer les catacois.

BOUQUIN, *répétant et s'adressant au gabier.* Gabier, largue les catacois!

FROMONT. Allons, les catacois. (*A Pierre.*) Mais du tout.

PIERRE, *plus haut.* Oui, commandant, nous ne gagnons pas assez ; hors les bonnettes.

FROMONT Scélérat d'homme!

BOUQUIN, *très haut.* Est-on paré ?

PIERRE, *très haut.* Borde, et hisse les cacalois.

Manœuvre pour hisser les voiles.

MATELOTS. Oh ! hisse, oh hisse, oh hisse. (*Tous les marins tirent les manœuvres ensemble sur un cri prolongé.*) Oh ! oh ! hisse, oh hisse hisse !

FROMONT, *les regardant.* Qu'est-ce qu'ils disent ?

Sur un mouvement de Pierre, il se remet.

PROVENÇAL, *regardant Fromont.* En fait-il de la toile, ce vieux loup de mer !

BOUQUIN, *de même.* Le lieutenant va bien... mais c'est un mousse auprès de lui.

PIERRE, *donnant des ordres.* Pilotin, dites au maître canonnier de faire disposer la soute aux poudres. (*A d'autres officiers.*) Et vous, messieurs, allez visiter des batteries.

FROMONT, *l'arrêtant.* Vous allez faire ouvrir la ?..

PIERRE, *bas.* Oui, avez-vous quelques effets dessus ?

FROMONT. C'est donc près de ma chambre ?

PIERRE. Le panneau est sous votre lit.

FROMONT. Sous mon lit ? je couche sur la poudre ?

PIERRE. C'est la place d'honneur.

FROMONT. Elle est jolie !

PIERRE. Afin que, si la chance tourne, le capitaine puisse se faire sauter avec le vaisseau.

FROMONT, *épouvanté.* Se faire sauter... ils ne savent de quoi s'aviser. Et vous croyez que je serai assez borné...

PIERRE. Silence, monsieur. (*Bas et l'amenant à droite sur le bord du théâtre.*) Tenez, commandant, j'ai une inquiétude, maintenant...

FROMONT. Laquelle ?

PIERRE. C'est que vous ne soyez un poltron.

FROMONT, *s'efforçant de prendre un air assuré.* Moi ?

PIERRE, *avec force et lui serrant la main.* Prenez-y garde au moins !.. vous portez notre uniforme ! vous êtes capitaine de la *Salamandre*, et malgré ce que vous avez fait pour mon fils, si je vous voyais hésiter un moment, prêt à commettre une lâcheté... je suis trop votre ami pour le souffrir, et avant que l'on pût s'en apercevoir...

FROMONT, *inquiet.* Eh bien ?..

PIERRE, *d'une voix étouffée.* Je vous tuerais ! (*Mouvement de Fromont.*) Oui, monsieur, je vous tuerais ; ce serait jouer ma vie... car nos lois sont inflexibles, mais je sauverais du moins votre honneur et le nôtre.

FROMONT, *hors de lui et à part.* C'est là ce qu'il appelle un service d'ami ; c'est une abomination, une indignité !..

PIERRE, *le retenant.* Vous m'avez compris ?

FROMONT, *tremblant.* Mais alors, si je restais dans ma chambre pendant l'événement ?

PIERRE, *avec noblesse et lui montrant le grand mât.* Votre place est là, monsieur ; allez prendre votre uniforme, quand nous serons à portée du canon, vous regarderez la mâture, puis vous me direz à haute voix : « Lieutenant, commandez la manœuvre, et Dieu fasse que nos canons trouvent à qui parler. » C'est le sens ; les paroles à votre choix. Alors vous vous placerez sur votre banc de quart, d'où vous ne bougerez plus que le feu ne soit terminé.

FROMONT. Comment ! vous voulez que je reste là !... pendant que les boulets...

PIERRE, *bas.* Pas d'observation, allez vite.

FROMONT. Mais c'est un cannibale, un antropophage. Miséricorde ! me voilà bien, et aucun moyen de s'échapper ! pas une petite porte de derrière. Que diable allais-je faire dans cette galère... Je vais m'habiller.

Il descend par l'escalier.

SCÈNE V.

Les Mêmes, excepté FROMONT.

PROVENÇAL, *le regardant descendre et le suivant des yeux.* Voilà le vieux caïman qui va se mettre en tenue de bal !... ça chauffe ! troun de l'air ! nous ne tarderons pas à entrer en danse !

PIERRE, *à Paul qui revient.* Paul, c'est vous qui êtes cause que ces femmes sont restées à bord ?

PAUL. Père !

PIERRE. Nous nous expliquerons quand nous aurons battu l'ennemi.

PAUL, *voulant lui prendre la main.* Tu es fâché, père ?

PIERRE, *sévèrement et retirant sa main.* J'en ai sujet, monsieur... (*S'arrêtant et avec émotion.*) Et cependant, comme on ne sait pas ce qui peut arriver, (*Lui tendant les bras.*) embrasse-moi. (*Paul se jette dans ses bras.*) Mon fils ! mon pauvre enfant ! que Dieu !.. et maintenant faisons notre devoir.

PROVENÇAL, *sur la pièce.* Nous v'là presque à portée, lieutenant.

* Paul, Pierre, Bidot, Provençal.

PIERRE, *à un mousse.* Prévenez le capitaine... Branle-bas de combat.

Le tambour bat dans la batterie, puis sur le pont; les matelots se rassemblent.

Air nouveau. (Musique de M. Hormille.)

CHŒUR.

Aux armes! aux armes!

PIERRE.

Aux yeux de votre capitaine
Que l'on se prépare au combat;
Qu'une flamme vive et soudaine,
Embrase ici chaque soldat!

CHŒUR.

Le combat! le combat! aux armes!
Non plus de crainte, plus d'alarmes...
La voix du *Flambart* indompté
Redit son cri de liberté,
Par l'Afrique au loin répété,
Redit son cri de liberté!

Pendant ce chœur plusieurs matelots ont placé au pied du grand mât des sabres, des pistolets et des haches d'abordage.

SCÈNE VI.

Les Mêmes, FROMONT.

Fromont est en grande tenue; tout l'équipage est à son poste, les canonniers à leur pièce, la mèche allumée. Fromont sur un signe de Pierre, regarde la mâture, puis hésite comme quelqu'un qui cherche à se rappeler sa leçon.

FROMONT, *toussant.* Lieutenant! faites-moi l'amitié... d'être assez bon... pour avoir la complaisance de commander... la chose!... et fassent... le bon Dieu et la Sainte-Vierge... que nos canons trouvent avec qui causer!

Sur un signe de Pierre il va se placer près du grand mât; le lieutenant prend le porte-voix.

PROVENÇAL, *à ses camarades.* Il est aussi mal ficelé en grand uniforme qu'en houppelande; mais c'est un chien qui ne doit pas bouder au feu.

FROMONT, *à part.* Si je pouvais me fourrer dans un petit coin!

PIERRE, *à Bouquin.* Ta pièce est-elle pointée?

BOUQUIN. Oui, lieutenant.

PIERRE, *hélant avec le porte-voix.* Oh! du brick! oh! mettez en panne.

BOUQUIN. Il fait la sourde oreille.

PIERRE, *avec un porte-voix.* Envoyez une embarcation à bord.

BOUQUIN. Il fait la sourde oreille.

PIERRE *dans le porte-voix.* Amenez votre pavillon, ou je vous coule.

Le corsaire répond par un coup de canon.

FROMONT, *tressaillant et faisant la grimace.* Ouf!

PIERRE, *à Fromont.* Ne bougez pas.

PROVENÇAL, *bas aux autres.* Il rit dans sa barbe, le vieux gueux.

PIERRE. Ah! ils nous ont prévenus... (*A Bouquin.*) Feu!

Le coup part.

FROMONT, *faisant un saut.* Oh! là, là!

PROVENÇAL, *aux autres.* Le voilà qui saute de joie!... vieux mangeur de boulets, va!..

FROMONT, *se remuant.* Ça m'a répondu là... là... là... c'est abominable; il y a de la férocité à obliger un pauvre bourgeois...

Un autre coup part, et le fait se jeter de l'autre côté.

PIERRE, *criant dans le porte-voix.* Amenez pavillon; amenez pavillon!

FROMONT. Mon Dieu! apportez-lui donc son pavillon... et que ça finisse... je vais aller le chercher... (*Le feu s'engage de part et d'autre.*) Qu'est-ce que c'est? je n'ai plus de jambes; ils ont emporté mes jambes!..

Cris confus; coups de canon.

PIERRE. Feu dans les hunes...

PROVENÇAL. Nous le touchons!..

TOUS. Houra!

PIERRE. Jetez les grapins... (*Se tournant vers l'arrière.*) Mettez de la barre au vent; à l'abordage!

TOUS. Houra!..

Feu plus vif.

CHŒUR.

Fragment de Guillaume Tell.

Pour nous quel bonheur!
Quel espoir flatteur!
Qu'une noble ardeur
Passe en notre cœur!
Pour nous quel bonheur,
Vite au champ d'honneur,
Et votre valeur
Me rendra vainqueur.

Ils courent tous à l'abordage.

FROMONT, *cherchant à se sauver.* Oh! pour le coup!

PIERRE, *l'arrêtant.* Où allez-vous?

FROMONT, *bas.* Parbleu... je me sauve...

PIERRE, *bas et avec fureur.* Monsieur!..

FROMONT. Voulez-vous bien me lâcher; je suis votre commandant... obéissez!...

PIERRE. Mais, malheureux!... un capitaine fût-il expirant, il doit rester là...

FROMONT. Eh bien! je suis mort; je donne ma démission... (*En ce moment un morceau du mât tombe avec fracas. Fromont jette un cri.*) Ah! sauve qui peut!..

PIERRE, *exaspéré et tirant son poignard.* Infâme!.. un pareil cri!..

TOUS, *voyant ce mouvement.* Lieutenant!

Quelques matelots se précipitent entre eux et arrêtent Pierre.

BIDOT. Ah! lieutenant, qu'avez-vous fait?

FROMONT, *perdant la tête et courant de côté.* A moi !.. mes amis !..

Paul s'élançant au fond avec les aspirans, etc.

PAUL, *criant.* A l'abordage !

Fromont, qui s'est sauvé en courant sur le haut-bord du navire, rencontre des cables qui le font glisser. Il tombe dans la mer.

GARNIER. Dieux !.. le capitaine qui est tombé ! Vite, un canot à la mer !

PROVENÇAL. Quelle intrépidité !.. il voulait s'élancer le premier à l'abordage !

Mouvement. Plusieurs matelots descendent dans le canot. On hisse Fromont avec un câble ; il est presque évanoui. Pendant ce temps, le combat à bord a continué sur le corsaire.

VOIX, *en dehors.* Victoire !.. victoire !

PAUL, *accourant la hache à la main.* L'ennemi vient d'amener son pavillon... le corsaire est à nous !

PIERRE, *d'un air contraint.* M. Melval et vous, Paul, allez remarquer la prise et la visiter...

PAUL. Père !..

PIERRE, *sévèrement.* Obéissez ! (*A part*) Il faut l'éloigner. (*Haut.*) Virons de bord, pour rentrer à Toulon, et prendre les ordres. (*A Garnier.*) Toi, mon vieil ami, va rassurer ces dames.

Ils sortent tous les deux. Pendant ce temps, on a déposé Fromont sur un petit banc auprès du grand mât. Il est tout étourdi. *

FROMONT. Ah ! ça me bourdonne dans les oreilles !.. et les yeux qui me cuisent... Oh ! les yeux !

PROVENÇAL. Courage, capitaine... c'est à vous que nous devons la victoire !

FROMONT, *ouvrant de grands yeux.* A moi ?

BOUQUIN. Chacun a voulu suivre votre exemple... imiter votre impétuosité... et le corsaire est à nous !

FROMONT. Comment, c'est moi ! (*A part.*) Vous verrez que je finirai par avoir la croix d'honneur. (*Se retournant et apercevant Pierre près de lui.*) Oh, mes amis ! retenez-le, c'est un enragé..

BIDOT. Ne craignez rien, commandant ; nous avons vu... Mais comment le lieutenant a-t-il pu s'oublier ?

FROMONT. Eh parbleu ! parce que...

PIERRE, *l'interrompant.* Parce que... parce que le capitaine voulait que Paul guidât les matelots à l'abordage.. j'ai tremblé de le perdre... mon amour pour mon fils m'a aveuglé, et dans mon transport...

FROMONT, *se levant.* Comment ; mais ce n'est pas !..

PIERRE. Je sais ce que vous allez me

* Bouquin, Fromont, Provençal, Bidot, Pierre.

dire, capitaine ; ce n'est pas bien ! j'ai manqué au premier de mes devoirs... Aussi, je n'essaie pas de me défendre, et je me résigne à mon sort.

Il lui tend son poignard.

FROMONT. Qu'est-ce que vous voulez que je fasse de ça ? (*A part.*) Que diable me chante-t-il ?

PIERRE, *aux officiers qui l'entourent et qui ont pris son épée et son poignard.* Mes amis, je sais ce qui m'attend ; mais je vous demande de me laisser seul un moment avec le capitaine. (*A Fromont.*) Il n'y a rien à craindre... je suis sans armes.

Les officiers s'inclinent et s'éloignent en silence ; les matelots font de même.

PROVENÇAL, *à Bouquin.* Hum ! mauvaise affaire pour le lieutenant !.. il vaudrait mieux pour lui qu'un boulet eût emporté son bras et son poignard.

Ils sortent tous.

SCÈNE VII.
FROMONT, PIERRE.

FROMONT, *à part.* Ah ça ! qu'est-ce qu'il me veut encore ?

PIERRE, *sérieusement et avec un soupir.* Je ne vous fais pas de reproche, monsieur ; mais vous voyez ce que j'avais prévu : ma complaisance, ma faiblesse pour vous auront des suites dont vous gémirez vous-même...

FROMONT. Bah !.. je n'y pense déjà plus... j'ai bu un petit coup d'eau qui n'était pas filtrée... voilà tout... Qui est-ce qui n'a pas ses momens de vivacité ? donnez-moi la main, lieutenant, et n'en parlons plus.

PIERRE. Oh, je vous pardonne du fond de l'ame, monsieur...

FROMONT, *lui serrant la main.* Et moi aussi, lieutenant... ainsi !

PIERRE. Malheureusement, tout n'est pas fini-là !

FROMONT. Comment ?

PIERRE. Jetez les yeux sur ce livret...

Il lui présente un livret.

FROMONT. Qu'est-ce que c'est que ça ?.. (*Lisant.*) « Tout officier qui portera l'épée, » ou la main sur son supérieur... pendant » le service, sera puni... (*S'arrêtant.*) ô mon Dieu !

PIERRE, *appuyant.* « Sera puni de mort.» (*Après un silence.*) Vous le voyez... j'ai levé le poignard sur vous...

FROMONT, *tremblant d'émotion.* Ça n'est pas possible !.. La mort !.. la mort à un si brave homme !..

PIERRE. La loi est formelle...

FROMONT. Mais, je ne me plains pas... je ne vous accuse pas...

PIERRE. L'équipage se chargera de ce soin... les officiers ont toujours les yeux sur leurs chefs... je suis sûr que l'état major se rassemble déjà.

FROMONT, *tout ému*. Et vous croyez que je le souffrirai!.. quand c'est moi seul qui suis coupable!.. Je ne suis pas brave, c'est vrai... je ne suis fait ni au feu, ni à l'eau... mais je suis un honnête homme... et il faudrait que je fusse le dernier des misérables pour laisser fusiller un brave marin, un père de famille... Jamais... jamais!.. j'aimerais mieux être encore au fond de la mer...

Il se jette en sanglotant dans les bras de Pierre.

PIERRE, *ému*. Remettez-vous!.. vous êtes bon, sensible, Monsieur; et dans toute autre position... mais que voulez-vous!.. à tort, ou à raison, vous êtes capitaine de la *Salamandre*, vous êtes mon capitaine... la loi a parlé... et vous ne pouvez pas la changer.

FROMONT, *vivement*. Oui... mais je puis dire pourquoi vous avez voulu me frapper... parce que j'ai eu peur... parce que j'ai crié : « Sauve qui peut !.. »

PIERRE, *vivement et lui mettant la main sur la bouche*. Ah! gardez-vous en bien!..

Air de *Téniers*.

Ce mot affreux!.. ce cri funeste!
Sur notre bord jamais ne s'entendra!..
Il ne peut aller, je l'atteste,
Montrant les épaulettes de Fromont.
Avec cet uniforme-là!..
De l'avouer vous n'êtes plus le maître.
« Sauve qui peut!.. » ce mot ne fut jamais
Que celui d'un lâche ou d'un traître,
Vous voyez qu'il n'est pas français!..

D'ailleurs, personne ne vous croirait...

FROMONT, *se désolant*. Ah! mon Dieu! mon Dieu... que faire alors?

PIERRE. Se taire... et se soumettre!.. tout ce que je vous demande, capitaine... c'est d'éloigner mon fils et... Chut!.. on vient!..

Garnier paraît, il est pâle.

SCENE VIII.
GARNIER, FROMONT, PIERRE.

GARNIER, *ému*. Capitaine... le conseil d'enquête vous attend.

FROMONT, *frappé*. Déjà!.. ils n'ont pas perdu de temps...

GARNIER, *regardant Pierre et Fromont*. Mais je ne puis croire, comme on le dit, que ce soit pour le lieutenant.

FROMONT, *hors de lui*. Ne m'en parlez pas... je ne sais plus où donner de la tête..

PIERRE, *bas et lui serrant la main*. Allons... du courage... vous avez sauvé mon fils; j'ai sauvé votre honneur... nous sommes quittes...

FROMONT, *sanglotant*. Quittes!.. ah! bien oui... qu'est-ce que mon honneur... auprès des jours d'un si brave homme!..

BOUQUIN, *paraissant près de l'échelle*. Capitaine, on vous attend.

FROMONT. On y va. (*Embrassant Pierre*.) Oh, mon dieu!.. et dire que c'est encore ma femme qui est cause... Ah!.. je la déteste plus que jamais!..

BOUQUIN, *de même*. Capitaine!..

FROMONT... Voilà! Mon dieu! sont-ils pressés! et dire que je n'ai aucun moyen.. personne pour me conseiller, pour me guider; et j'aurais à me reprocher toute ma vie... Maudit vaisseau! maudites épaulettes! Malheureux que je suis! pourquoi ai-je accepté? pourquoi ai-je eu la faiblesse! Ah! j'en mourrai de chagrin!..

Il se jette encore dans les bras de Pierre, et descend par l'écoutille

SCENE IX.
GARNIER, PIERRE.

GARNIER, *interdit*. Il serait possible!.., c'est pour toi?..

PIERRE Oui, mon pauvre Garnier!..

GARNIER. Et qu'as-tu fait? toi, l'officier le plus distingué...

PIERRE. Ne m'interroge pas; une fatalité... Tu connais la rigueur de nos lois... Mais j'ai la conscience d'avoir rempli mon devoir jusqu'au dernier moment.

GARNIER, *avec feu*. Ah! je n'en doute pas...

PIERRE. Cela me suffit... Mais écoute-moi, mon bon Garnier : il y a vingt ans que nous nous aimons comme frères; le conseil aura bientôt prononcé!.. mon affaire est faite, je le sais, et je subirai mon arrêt sans me plaindre,.. (*D'une voix attendrie*.) Mais j'ai un fils, Garnier, un pauvre enfant, que je vais laisser seul, et qui est ton filleul!..

GARNIER, *ému*. S'il ne faut que lui rendre la tendresse d'un père, sois tranquille, Pierre, elle ne lui manquera pas...

PIERRE. Ce n'est pas assez, Garnier : mon pauvre Paul va recevoir un coup affreux; je voudrais qu'il trouvât sur-le-champ des motifs de consolation; en un mot, je ne voudrais pas partir sans avoir assuré son bonheur!...

GARNIER. C'est tout naturel... Eh bien?

PIERRE. Eh bien! il aime quelqu'un, et je crois qu'il est aimé!..

GARNIER. Alors, cela va tout seul, il faut le marier !..

PIERRE. C'est ton avis !

GARNIER. Dès que nous serons à terre, je ferai les démarches...

PIERRE. Tu n'auras pas besoin d'attendre, mon ami, et c'est moi qui fais en ce moment la seule démarche nécessaire.

GARNIER. Comment ?

PIERRE. Celle qu'il aime, c'est ta future !

GARNIER. Alice !.. comment il serait possible ?

PIERRE. Il me l'a avoué...

GARNIER. Ah ! diable ! c'est malheureux !..

PIERRE. Elle ne t'aime pas...

GARNIER, *levant le nez et plus étonné*. Tu crois ?..

PIERRE. Il la connaissait avant toi ; c'est lui qu'elle venait chercher ici. (*Garnier fait un mouvement. Pierre le prend dans ses bras.*) Mon bon Garnier, si pour me sauver la vie, je te demandais de céder ta future à mon fils..., tu n'hésiterais pas... je le sais... eh bien, je t'en prie, pour adoucir ce dernier moment...

GARNIER, *ému*. N'ajoute pas un mot...

PIERRE, *l'embrassant*. Tu consens ! Ah ! mon ami !.. mon bon Garnier !

GARNIER. Silence ! le conseil de guerre a levé la séance.

SCÈNE X.

Les Mêmes, FROMONT, *précédé de tout l'état-major qui se range de côté en silence*, BIDOT, PROVENÇAL. *

FROMONT, *d'un ton grave*. Messieurs, je viens de présider le conseil de guerre !.. C'est gentil un conseil de guerre, ça va vite... ça ne laisse pas aux juges le temps de s'endormir !. M. Bidot, qui remplissait les fonctions de rapporteur, nous a dit de très belles choses... sur la discipline et sur les inconvéniens de... je ne sais plus quoi... ce qui m'a paru parfaitement juste ; car cela a entraîné tout le monde... et j'ai bien été obligé de signer ma déposition comme les autres...

PAUL, *à Pierre*. Que veut dire ?

Pierre d'un signe lui impose silence.

GARNIER, *à part*. Il est perdu !

Alice et Céleste sont entrées après les officiers, et se tiennent derrière eux à droite.

FROMONT. Mais avant d'entendre l'accusé, j'ai pensé qu'il était utile de transporter le conseil sur les lieux, parce que... quelquefois, la plus petite circonstance... la plus simple omission...

* Garnier, Bidot, Fromont, Paul, Pierre.

PIERRE. A quoi bon, capitaine ?.. je ne conteste point le fait.

BIDOT. Et les déclarations sont unanimes... tout le monde a vu Pierre Louet lever le poignard sur le capitaine.

PAUL et ALICE. Il serait possible !

BIDOT. Le journal du bord en fait foi !

FROMONT. Eh bien, il n'y aurait pas de mal de relire les dépositions.

PIERRE. C'est inutile.

FROMONT. Pardon ! l'accusé n'a pas la parole, et j'insiste.

BIDOT, *ouvrant le registre*. Soit. (*Lisant.*) « L'an 1824, etc., etc., le conseil de guerre, à bord de la *Salamandre*, etc.

FROMONT. Et cœtera, et cœtera... jusqu'à présent ça ne dit pas grand chose.

BIDOT. Sont comparus Jacques Bidot, lieutenant en second, André Melval, Louis Provençal ; ils déposent tous dans les mêmes termes. Et plus bas, commandant, de votre main... (*Lisant.*) « En foi » de quoi, nous capitaine de la *Salamandre*, » avons déclaré qu'il n'y avait pas un mot » de vrai dans les faits ci-dessus. »

TOUS. Qu'entends-je ?

FROMONT, *à Bidot*. Eh bien, allez donc ! ce ne sont pas des et cœtera, ça ! vous n'allez plus, je vais lire moi-même. (*Prenant le registre des mains de Bidot et lisant.*) « Avons déclaré...

PIERRE. Capitaine...

FROMONT. Silence, l'accusé ! (*Lisant.*) « Avons déclaré que ce n'était pas pour » épargner les jours de son fils que le lieu- » tenant a levé le poignard sur moi ; mais » bien pour sauver l'honneur du bord, » pour m'empêcher, moi, capitaine, de dé- » serter mon poste, de me conduire en lâ- » che, de crier * sauve qui peut ! »

* Pendant toute cette lecture Pierre veut interrompre Fromont par ces mots qu'il prononce à chaque phrase : *Monsieur... arrêtez... mais... ce n'est pas...* Fromont ne l'écoute pas et lit toujours.

PIERRE. Mes amis !..

FROMONT. C'est écrit, c'est signé !

TOUS. Comment !..

FROMONT, *avec chaleur*.

Air : *Je n'ai point vu ces bosquets de lauriers*.

Oui, voilà bien la vérité !

PIERRE, *vivement*.

Ah ! plutôt, que chacun se taise !
Oser écrire un trait de lâcheté
Sur un journal de marine française !
Monsieur, monsieur, ce journal, quelque [jour,
Peut devenir de l'histoire...

FROMONT.

J'y songe !
Et pourquoi, s'il peut à son tour,
Devenir de l'histoire un jour,
Y consigniez-vous un mensonge ?

PIERRE, *bas.* C'est qu'il en est qui tuent, mais qui ne flétrissent pas.

FROMONT. Ta, ta, ta, ta : « *Rien n'est beau que le vrai!* » D'ailleurs, j'avais envoyé ma démission, hier soir, au ministre.. donc je n'étais plus capitaine, donc il n'a fait que son devoir, donc il n'est pas coupable, donc vous ne savez ce que vous dites !

PIERRE, PAUL, GARNIER, *l'embrassant et le serrant dans leurs bras.* Ah ! monsieur ! digne ami !

PIERRE. Ah ! jamais je n'oublierai... vous accuser, vous dévouer, pour me sauver la vie !

BIDOT. Je n'en reviens pas : mais cependant, capitaine, nous avons admiré votre sang-froid !

PROVENÇAL. Tout l'équipage a été témoin de votre intrépidité.

FROMONT. Eh ! bien, tout l'équipage avait la berlue.

Air : Bonjour mon ami Vincent.

Le résumé des hauts faits,
Qu'en mon honneur on recueille...
Le voilà ! je me bornais,
A trembler comme une feuille !
Quand j'aurais voulu, tout haut je le dis,
Me cacher au fond d'un trou de souris !
On met les manœuvres,
Au rang de mes œuvres ;
On dit que j'ai bien commandé surtout !
Eh ! bien, voyez-vous,
La chose entre-nous...
C'est que je n'ai rien commandé du tout !

Que je ne suis pas plus marin qu'un marchand d'allumettes, ou plutôt, qu'un marchand de tabac ; car voilà mon état.. à la *Carotte d'Or*, comme disait Céleste... Cette pauvre Céleste, où est-elle donc ?

CÉLESTE, *courant à lui.* Ah mon Dieu ! c'est donc vous... là quand j' vous soutenais... (*Lui sautant au cou.*) Comment qu' vous vous portez, not' maître ?

FROMONT. Merci, mon enfant ; un peu sens dessus dessous ! à cause des hauts et des bas. (*Aux marins.*) Oui, messieurs, un marchand de tabac, qui a du cœur à sa manière... Mais celui qui en a, et plein sa poitrine, c'est votre digne lieutenant, qui sera votre capitaine, j'en réponds, car j'ai donné ma démission en sa faveur.

TOUS. Il a raison... vive le lieutenant !

FROMONT. Quant à moi, tout ce que je vous demande quand nous serons à terre, c'est de ne rien dire à ma femme, ma divine Angélique ; laissez-lui croire que j'ai été avalé par quelque requin... comme cela, nous ne nous reverrons plus, et nous vivrons en bonne intelligence !

PAUL. C'est avec nous que vous vivrez.

ALICE. Vous ne nous quitterez plus.

PIERRE Qui vous empêche de vous fixer près d'eux, à Toulon ?

FROMONT. Au fait ! je puis y établir un petit débit de tabac !.. Céleste, viendras-tu avec moi ?

CÉLESTE Toujours, notr' maître.

FROMONT, *à Garnier et à Pierre.* C'est dit.

UNE VOIX, *dans les hunes.* Terre !

TOUS, *ensemble.* France !

Musique douce, pendant laquelle tout l'équipage se porte à la droite du vaisseau, les yeux fixés sur la mer ; à gauche, du côté de la terre ; les mousses et quelques matelots sont sur le hauban et dans les hunes.

PIERRE. Mes amis, Toulon !

FROMONT. Ah ! le plancher des vaches, c'est ce qu'il me faut.

Air : Hardi coureur. (du Lorgnon.)

Des bords chéris,
De son pays !
Quand il revoit l'heureux rivage,
Brave marin,
Redit soudain,
Du chant natal le doux refrain.

FROMONT, *au public.*

Vous le savez, je crains les ouragans !
Tâchez, messieurs, de conjurer l'orage...
Tâchez surtout d'enchaîner tous les vents,
Et près du port empêchez un naufrage !

CHŒUR.

Des bords chéris
De son pays, etc.

Tous les matelots sont sur les cordages, le chapeau en l'air. — Le canon tire. — On voit dans l'éloignement la ville de Toulon et le port couvert de peuple.

FIN.